AI時代を生き抜く！

圧倒的に
伝わる
英文を
書く技術

加藤千晶 著

アルク

はじめに

〜仕事がスムーズになる、そんな"伝わる英語力"をものにしたい方へ〜

「なぜ伝わらないか」がわかった

この本を手に取ったあなたは、ある程度、英語ができる方だろうと思います。でも、時々なぜか英語で意図がうまく伝わらず、悩んでしまう――そんな人も多いのではないでしょうか。私にもそんな時がありました。

数年前、アメリカのMBAの日本人学生向けの講座でマーケティングを教え始めた時、提出された英文課題を見て、「昔の私と同様の悩みを彼ら彼女らが抱いているのかもしれない」と感じました。そこで、伝える順序など、英文作成で参考になる切り口やコツをまとめて共有し、提出された英文の改善点を繰り返し指摘するようにしたところ、「受講生の英文が格段にわかりやすくなった」と言われるようになりました。

これまでMBAの私のクラスの受講生さんだけにお伝えしてきた私なりの「ビジネス向けの英語を書くルール」に、より基本的な内容も加えてわかりやすく書き起こしたのがこの本です。さらに、**受験英語であまり習わない英文作成のコツ**や、長い分析レポートの執筆、リスキリング用の大学院も視野に入れ、**海外留学時にも使える情報**など、ビジネスパーソンの皆さんに**長期的に使っていただける本**になっています。

ひとつひとつの英文は書けるのに、TOEICである程度のスコアが出せるのに、まとまった量を書いたら「伝わらない」英文になってしまうとしたら、あまりにももったいない。そんな人が大勢なら、日本にとっても大きな損失でしょう。どうすれば「伝わる」英文になるか、そのコツをこの本でお伝えしました。

AI時代、グローバル時代を生き抜くために

昨今、オンラインの**翻訳ツール**が実用的なレベルになり、**生成AI**など画期的なツールも登場しました。「自力で英文を書く勉強はもう不要だ」と考える方もいるかもしれません。確かに、一語や一文ならこんなツールで足りるでしょうが、こうしたツールには**誤りもあり、それに気づいて直せる英語力**が必要です。また、長

文の場合、入力する日本語の文が「日本的な発想」なら、出てくる英文も「日本的な発想」で、伝わりづらくなってしまうでしょう。本書で**構成法が身につけば、こうしたツールも活用しながら、伝わる英文を時短で書ける**ようになります。

　なお、この本ではさまざまな内容を紹介しているため、注意すべきポイントが増えて身構えてしまうかもしれませんが、どうか気楽に考えてください。英語を身につけてきた人たちは、みんな小さな失敗を重ねて力をつけてきたはずです。必要以上に気にせず、「次は同じ失敗をしない」を念頭に、実践を通じて学習を進めてください。

　また、英語の学習においては「どれほどネイティブに近づけるか」を頑張るのが一般的でしょうが、私は少し違う意見です。ニュース番組で国際機関の上層部など、世界的に活躍するノンネイティブのVIPの談話が流れ、ネイティブ英語ではないのに説得力があって驚くことがあるでしょう。英米豪加に永住するならともかく、英語をツールとして使って仕事をするなら、**知的なノンネイティブの英語を見習うのも一案で、彼らと日本人の英語の差は、伝え方や構成力**だろうと思います。

　そんなわけで、本書は今すぐ使える英語表現を求める方の期待には応えられないかもしれませんが、比喩が許されるなら、**私は人に「魚」をあげるよりも「魚の獲り方」を教えてあげたい**と考えています。やり方や考え方をお伝えするこの本が、皆さんにとって、「ah-ha！」（なるほど、そうだったのか！）の瞬間が多く、その蓄積で皆さんの英語が変わり、皆さんのビジネスで大きな「魚」が獲れるようになることを祈っています。

　本書を書くにあたり、大勢の皆様にお世話になりました。お名前は別途掲載させていただいておりますが、皆様のご協力なしに本書は完成しませんでした。深く感謝申し上げます。

2023年9月

加藤千晶

Contents

■ 本書について

● 主にビジネスシーンで「伝わる英語」をスピーディーに確実に書けるようになるための本です。アカデミックエッセイの作成などにも役立ちます。

● 文法等のミスを減らし、大人が読むに耐えうる英文作成を目指します。

● 複数の文を組み合わせて、世界で通用するロジカルな文章を効率的に書けるようになります。

【本書の構成】

> 序論

第1章　伝わる英文をどう書くか
世界標準の英文を書くには、「考え方の順序」を切り替える必要があることを説明します。

> 正しく書く　　◀ 理解できている項目はスキップしてOK

第2章　各センテンスを「もっと伝わる英文」に
「大人がさっと読むに耐えられる英文」を書くために必須の文法、書き言葉のルール、日本的発想にとらわれない語彙の使い方などを伝授します。

> 伝わるように書く　　◀ 本書の核

第3章　伝わる英文を書く技術
内容や分量に応じてどんな英文のスタイルがあるか紹介。さらに、1〜2文から10行程度の英文を書けるようになります。

第4章　5P-Biz：5段落の英文を計画的に書く
5P-BizとはFive-Paragraph Essay（5章で紹介）のビジネス版のことで、本書のオリジナルの呼称です。ビジネスの現場で最も有効なこのスタイルを学び、書けるようになります。

第5章　5段落ライティングを根本から知る

Five-Paragraph Essayは、欧米では子どもの頃から叩き込まれる標準スタイル。アカデミックエッセイに向いています。このスタイルの成り立ちや構造を知り、書き方を学びます。

さらに高みを目指す ◀ リスキリングの大学院でも役立つ

第6章　小冊子レベルの長い文をわかりやすく書く

目次や前書きなどもついた、小冊子レベルの長い英文について、構造や構成要素、書き方を学びます。

第7章　出典や引用元、参考文献をどう載せるか

説得力を出すツールとして、文書作りに参考にした資料やデータなどの出典の記載方法を一通り学びます。

効率的に書く ◀ 即使える

第8章　ライティングに有用なツールを紹介

検索エンジン、文法チェッカー、生成AIなど英文の精度を上げ、効率的に書くためのツールとその使い方を紹介します。

演習
第2〜6章では、解説の後に例題を設けています。
理解度を確認し、実践力を高めるために必ず取り組んでください。

深掘りFAQ

本書の内容と、著者がこれまで受講生から受けてきた質問を基に作られた質問集。本書の総仕上げともいえる内容なのでぜひ目を通してください。

コラム

Ms. 加藤の応援メッセージ①〜⑧

各章の終わりに、著者の実体験エピソードや学習のコツ・心構えなどを紹介しています。一息ついたら、次へ進みましょう。

第1章

伝わる英文を
どう書くか

日本人が書く英文は「何が言いたいかわからない」とよく言われます。その原因は、ずばり「考え方・伝え方の順序の違い」。本章では、この"違い"が引き起こす問題や背景を探り、「順序」の重要性を改めて考えてみましょう。

文法が正しくても、"順番"を間違えると
英文は伝わらないよ

1 英語圏で伝わりやすい「順序」で書こう

　どう書けばもっとスムーズに相手に伝わる英文になるか——英文をある程度は書けるレベルの方が抱く悩みはこれでしょう。例えば、メールを送ったのに的外れな返信が来てしまい、また一から説明する羽目になった。あるいは、返信自体が来なかった。あの時はなぜ誤解されてしまったのか。一体、どう書けばよかったのか。

　こんな時、提案内容やメッセージの中身を別にするなら、最も重要なポイントは、**内容を語る「順序」**です。適切な順番で書けば、圧倒的に伝わる英文に変わります。順序の違いによって起こる問題やその文化的背景を具体的に探っていきましょう。

日本人がついやってしまう「日本語的な順序」

　物を考え、伝える時、私たちは「言葉」を使いますが、日本語と英語では物事を語る順序がまったく違います。ほぼ真逆です。そのため、**私たちが無意識に書く順序は、英語圏の人々にはわかりづらい**順序です。

　例えば**英語**なら、先日会議をした相手企業からお断りのメールが来た場合、**挨拶の後にいきなり結論**がきます。例えばこんな風です。

【英語版：断りのメールの冒頭】

（挨拶）　Unfortunately, we have to ...

　でも日本語ならこんな形が一般的ではないでしょうか。

【日本語版：断りのメールの冒頭】

> 先日は、お忙しい中、お時間をいただき誠にありがとうございました。ご提案いただきました件につきまして、社内で詳細に検討いたしました。（中略）しかしながら、納期の件が懸念となり、大変申し訳ありませんが、このたびは……

　長いですね（笑）。

　しかも、ここまで読んでもまだ結論はわかりません。「申し訳ありません」だから良くない話だろうと想像はつきますが、具体的な結論は最後までわかりません。「仕様を変えても構わないからとにかく間に合わせてほしい」のか、「貴社には発注できない（もう他社に決めてしまった）」のか、あるいは別の内容なのか、最後の最後まで読まなければわからないのです。

　このように**日本語**は、背景事情や経緯、つまり結論や要点よりも**重要度の低い情報を先に語り、結論やまとめを最後に伝えることが多い**言語です。国語で「起承転結」を教わったように、日本的なコミュニケーションでは「結」は最後に来ます。

　人は日常的に使う言語の影響を知らず知らずのうちに受けます。国内では、結論を最後に伝えるスタイルでもスムーズに伝わりますが、対英語圏の（ひいては世界の）コミュニケーションにおいて、**日本語の順序で英文を書いてしまうと、意図が伝わりづらくなって**しまいます。

日本語的な順序の英文を送ったら何が起こるか

　もしかすると、「同じ内容が書いてあるなら、順序が違っても読めばわかるから、多少伝わりにくくてもそれでいいじゃないか」と思う方もいるかもしれません。でも、そうはいきません。

　英語では、**要点を最初に伝え、詳細や理由の説明はその後に書きます**。英語圏の彼らは、この順序で物事を伝える文化の中で日々生活し、**世界はそういうものだと思っています**。その彼らに、逆の順序で情報を伝えると何が起こるでしょうか。想定される結果を3つ考えてみました。

結果その1：イントロや前置きを最重要だと誤解される

　最初に書いてある情報がその文書／メールの中で「最重要」な「要点」だと解釈されるでしょう。つまり、日本人が最初によく書く**イントロ的な話や背景説明**が「そ

の文書やメールの中で最も伝えたい内容」だと誤解されてしまうのです。当然、読み手はそのメールをあまり重要とは思えず、「なぜこんなくだらない事で連絡してきたんだろう?」と感じ、本来の要点や結論にたどりつく前に、読む気を失います。

彼らは、**後半に重要な内容が書かれているとは知りません**。「くだらない要件でわざわざ連絡してくる人」という第一印象とともに、あなたのメールや文書は放置されます。次回のメールが読まれる可能性も低くなるでしょう。

結果その2:相手をいらだたせる

辛抱強く最後まで読んでもらえた場合も、全部を読ませて**読み手の時間を奪うやり方**に対し、**読み手はいらだちを覚える**でしょう。特に忙しいVIPなら尚更です。そんな面倒な相手と仕事をしたい人は少ないでしょう。**今後のお取引は、縮小していくかもしれません**。

結果その3:知的レベルを疑われる

英語圏、特に米国では、後述しますが(5章)、小学生の頃から、「結論を最初に述べてその後に詳細や理由を説明するべき」と教え込まれています。そんな素地のある人を相手に逆の順序でコミュニケーションを取れば、**「頭の中が整理されていない人だな」「ちゃんとした教育を受けてこなかったんだな」**という印象を持たれてもおかしくありません。つまり、書き手が本来はどれだけ頭脳明晰な人であっても、知的レベルを疑われてしまうのです。

以上のように、日本語的な順序で英文を書いても得ることは一つもありません。

ちなみに世界的には、特にビジネスの場面では、前述のように要点を先に言うスタイルが一般的です。**最後まで結論がわからない日本語のスタイルは、例外中の例外**、ガラパゴスなのです。

さらに言えば、私たちの多くは、英語を外国語として学んだノンネイティブです。日本人としてはかなり英語ができる部類の人が書いても、**ネイティブから見ればまどろっこしい英文**に見えることが多いでしょう。だからこそ、せめて最初に要点を伝え、拾い読みができるようにし、読み手の手間と時間を節約してあげる心配りが大事です。

■「いきなり結論」は、失礼ではない

まだ納得がいかない方もいらっしゃるかもしれません。例えば、「いきなり結論を言うのはぶしつけでは？」と。

いいえ。むしろ、**忙しい人に全て読ませるほうがどうかしている**と思います。多忙なVIPが歓迎するのは、要点が最初にあって、その後に根拠や詳細が明示され、ざっっと拾い読みすれば意図がわかる文章です。彼らなら、そんな的確なメッセージを書いてくる人と仕事をしたいでしょう。**忙しい相手の時間を無駄にしない配慮が一目瞭然**だからです。英語が多少たどたどしくても、そんな構成で書かれていれば、意図と気遣いと知性は確実に伝わります。

ここまで読んでいただければ、日本語で生活し、国語で「起承転結」を習った私たちの頭の中がどれだけ英語圏の考え方と違うか、もう想像がつくと思います。自然体で英語を書くと、英語圏の人にとってはわかりづらい英文になります。**意識して英語的な順序で書くようにしなければ、伝わる英文にはならないのです。**

2　「あうんの呼吸」から脱却しよう

「あうんの呼吸」という言葉をご存じでしょう。最小限の言葉で、まるで以心伝心のように意図が伝わる、あれです。

日本には、日本で生まれて日本に長く住み、日本語を使い、似たような教育を受け、同じような人生経験（例　流行や災害、景気、遊び、食事など）を積んだ、**共通項の多い人々が大勢**住んでいます。**同じ「文脈」、同じ「文化的背景」を共有する人が多い国**だと言えます。「あうんの呼吸」は、こういう環境だからこそ成り立ちます。共通項が多いので、ちょっとした言及だけで「あのことか」とわかるのです。ジェスチャーや口調でも、多くの情報が伝わります。

アメリカの文化人類学者エドワード T.ホール（Edward T. Hall）は、その1959年の著書[1]において、このような文化を**「ハイコンテクストな文化」**と呼び、その最も顕著な例として日本を挙げました（コンテクスト context は「文脈」の意）。言葉よりもジェスチャーや表情、口調が多くを伝え、言葉が最小限で済む日本は、

---

[1]　Edward T. Hall, "The Silent Language," Doubleday & Company, 1959。邦訳は『沈黙のことば―文化・行動・思考』（エドワード T.ホール 著、國弘 正雄 訳、1966年、南雲堂）。

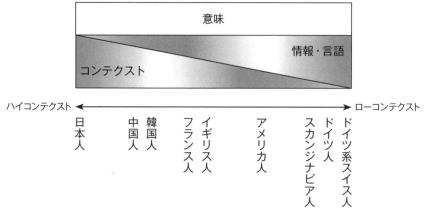

意味

情報・言語

コンテクスト

ハイコンテクスト ◀――――――――――――――――――――――▶ ローコンテクスト

日本人　中国人　韓国人　イギリス人　フランス人　アメリカ人　スカンジナビア人　ドイツ人　ドイツ系スイス人

（エドワード T.ホール氏の著書 "Beyond Culture" を基に、筆者作成）

ホール氏が後の著書[2]においてさまざまな文化を比較した中でも、**最もコンテクストへの依存度が高いコミュニケーションスタイル**を取っているとされています。

　欧米の国々はどうでしょう。ちょうど中間がイギリス人、アメリカ人はもっとローコンテクスト寄りで、日本人と対極にあるのがドイツ系スイス人です。彼らは、程度の差こそあれ、ジェスチャーや表情、口調などには頼らず、言葉でコミュニケーションを取ります。また、共通項を多く持つ人々が彼らの国に大勢いた時代もあるかもしれませんが、昨今の移民の増加や社会の分断といった変化により、共通項の少ない人々が多く暮らす国になっています。言葉に頼らず、「そもそも」の話から論理立てて伝えないと真意が正しく伝わらない、彼らはそんな社会にいます。**欧米の人々相手に「あうん」は通用しない**のです。

　また、たとえ彼らが、彼らのコミュニティの中で、ある程度ハイコンテクストなコミュニケーションをする場合であっても、**彼らが共有する「文脈」は、日本の我々が持つ文脈とは違います。**こうした相手には、言葉で**きちんと論理立てて説明をする力**がこちらになければ、伝わらないのです。

　さぁ、難しくなってきました（笑）。「いきなりそんなこと言われてもできないよ〜」と思った方もいらっしゃるでしょう。ご心配なく。やれば、できるようになります。

2　Edward T. Hall, "Beyond Culture," Anchor Books, 1976。邦訳は『文化を超えて』（エドワード T.ホール 著、岩田 慶治・谷 泰 訳、1993年、TBSブリタニカ）。

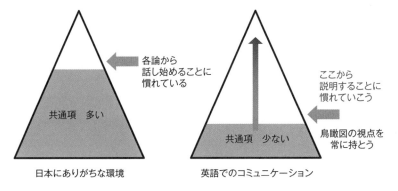

各論から
話し始めることに
慣れている

共通項　多い

ここから
説明することに
慣れていこう

共通項　少ない

鳥瞰図の視点を
常に持とう

日本にありがちな環境　　　英語でのコミュニケーション

（図：筆者作成）

　長年の日本語生活で頭にしみついた「考え方の順序」を根本的に切り替えるのはなかなか難しいですが、第3章以降で**簡単なコツとツール**をお伝えします。そこで説明する枠組みに伝えたい内容を流し込んでいけば、伝わる順序になります。最初は慣れなくても、いったんクセがつけばこれほど簡単なことはありません。だまされたと思って、ぜひやってみてください。

　この後の第2章は、まず1つの文をしっかり伝わるものにしたい方向けに、注意すべき細かい文法なども含めて説明しています。「書き方、伝え方の順序」について早く読みたい方は、第3章へとページを進めていただいても構いません。

"伝わる英語"に開眼したきっかけ

英語を書くための本なのに、第1章はその手前の話に終始してしまいました（笑）。でも、ここが一番大事なところなので、どうかご容赦ください。

私自身の話をすると、高校卒業まで私は地方在住で、外国人に会ったことはなく、リアルな英語に触れないまま大学に入って英語を専攻しました。社会人になり、海外とのやりとりを担当することがありましたが、時折、うまく相手に伝わっていないと感じることがありました。当時は、自分の英語力不足が原因だろうと思っていました。

「語彙や文法以外に、何か重要な要素があるのではないか」と思い始めたのは、30歳過ぎてからの英国留学中です。クラスの約70名のうち、イギリス人は10名程度で、残りは欧州やアジア、アフリカからの留学生でした。クラスの大半を占めるノンネイティブの中には文法や語彙力が弱い人もいるのに、彼らの話はわかりやすくて説得力がありました。

いったい、何がポイントなのか——留学中や帰国後しばらくは多忙にかまけて、これを追求できませんでしたが、今の仕事に就いてからようやくその本質が見え、要点を整理して本にまとめることができました。

私の英語は、ネイティブに近いかと問われれば全然そうではありませんが、来日される経営層や専門職の方からよく英語を褒められ、「いったいどこで勉強したの？」と聞かれます。留学わずか1年の田舎育ちでもその程度は可能なのですから、日本で英語を勉強している大半の方々にも十分可能です。ちょっとしたポイントを押さえるだけでできるので、ぜひ英文ライティングに取り組んでいただきたいです。

第2章

各センテンスを
「もっと伝わる英文」に

① 文法
② 英文ライティングのお作法
③ 「話し言葉」と「書き言葉」
④ 日本的発想からの脱却

「大人がさっと読むのに耐えられる英文」を書くためには決して
欠かせない文法や語法、書き言葉のルールがあります。ここでは
今さら聞けない文法の話やあまり学校で習わない知識やコツを
伝授。すでにご存じの項目については、飛ばしても構いません。

今さら聞けない細かい文法や
学校で習わなかった書き方を
おさらいしておこう

　本章では、ひとつひとつの英文が「もっと伝わる英文」になるために、知っておくべき文法や文の構造、書き言葉のルールなどをお伝えしていきます。

　本書を手にされた皆さんの中には、実社会に出てすでに英語を使っている方もいらっしゃると思います。ある程度のTOEICスコアをお持ちで、「英語はかなり書けるほうだ」と自負している方もおられるでしょう。

　そんな方々にも、あえて細かいコツをおさらいしていただくべき理由が2つあります。1つは、大学受験や資格試験のための勉強では出てこない、書き言葉のコツが結構あるからです。特に、**大人として英語を使う場面では知っておいたほうが損をしない**、そんなコツがあります。

　もう1つは、文法や書き方のレベルを上げて、「**大人がさっと読むのに耐えられる英文**」を書いていただきたいからです。例えば、海外旅行先で日本人向けに作られたメニューやチラシを見て、「てにをは」や漢字、ひらがな等の細かいミスが気になって内容がすぐに頭に入ってこなかった経験はありませんか。もし、自分が書いた英文が同じような印象になっていたとしたら……。ちょっと寒くなりますよね。

　実際、私がクラスで提出された課題を採点する際、細かい英語のミスが気になって内容がすっと入ってこない答案もあれば、多少のミスはあってもなぜかさっと内容が伝わる答案もあります。日本人の英文にありがちなミスに比較的慣れている私でさえ、この状態です。

　そこで皆さんには、**読み手が読む気を失いかねない細かいミスを減らし**、ぜひ、**するっと読める英文を書ける**ようになっていただきたいと思います。

　本章にある細かいコツや注意事項をご存じの場合は、本章のすべてを読む必要はありません。例題を少しやって、多くを正解できそうなセクションは飛ばして次へ行ってください。一方で、心配性の方や、自信がない分野がある方は、本章もじっくりおさらいしてください。

　長い英文の構成要素となる英文ひとつひとつがスムーズに読み手の頭に入っていけば、読み手も短時間でみなさんの英文を読むことができます。そうなるよう、細部にも気を配ってみましょう。

　この後は、間違ってしまうと、誤解されたり読みづらくなったりして、ビジネスで困った事態になりかねないポイントを中心に、下記の内容を説明していきます。

・文法のおさらい
・書き言葉の英語のお作法
・話し言葉との使い分け
・日本的発想による英語の問題点
・カタカナの直訳による誤解
・文化の差による問題

英文を書くのに欠かせない文法を紹介！

　本編では、ビジネスの場面でよく使う文法や間違えると痛い文法について説明していきます。まずは仮定法から。

1　ビジネスで「もし」を語るなら仮定法は必須

　「もし今年、暖冬なら」などの単純な将来に対する仮定は書けても、今や過去の事実とは違う仮定の話をする「仮定法」は、難しい、と避けてきた方もいるでしょう。「仮定法」は、実は「難しいだけであまり使えない」文法ではありません。**結構「使える」文法**なのです。例えば、「先日のお見積もりがもう少し安かったら、貴社に発注していましたよ」といった、**ビジネスの現場で過去を振り返る「たられば」の話**は、文法的には「仮定法」です。たまにしか使わない難しい表現ではなく、日常的な表現なのです。

　「仮定法」が使えないと、自分からこんな話ができなくなるだけでなく、取引先のメールに書いてあっても意味を理解できなくなります。この機会に身につけて、書ける内容の幅を広げましょう。

　まず、以下の問題にすぐに答えられるでしょうか。

✳ 過去の「たられば」を表現する形

例題1： be動詞と助動詞を使って（　　　）内を埋めなさい。

If your quotation the other day（　　　）（　　　）a little lower, we（　　　）（　　　）ordered it from you.

（訳：もし先日のお見積もりがもう少し安かったら、貴社に発注していましたよ）

解答：had been / would have

　正答できたでしょうか。仮定法について、おさらいしていきましょう。

▌仮定法過去と仮定法過去完了

　「仮定法」は、「**現実と反する何かを仮定**」し（＝「たられば」）、**その上での予想や願望などを言う**文です。この「現実とは違う」仮定だということを示すため、動詞周辺を普通とは違う形にします。この変形が、「面倒」「難しい」と思われる一因ですが、逆に言えば、「どんな時に」「どう」形を変えるか、そのルールがわかれば、使いこなせるようになります。

　主な「仮定法」には仮定法現在・仮定法過去・仮定法過去完了がありますが、今回くわしく説明するのは、日常の文書や会話でよく使う**仮定法過去**と**仮定法過去完了**です。次の表を見てください。

●主な仮定法の種類と形

No	仮定法の種類	起こりうる話か？	話の内容	if部分（条件節）の見た目の形	文の後半（帰結節）の見た目の形
1	仮定法現在	○	現在／近い将来のこと ＝＝＝	現在形	will/shall/can/may＋動詞
2	**仮定法過去**	×	現在のこと　→　１つ過去へズレる	**過去形**（ただし、be動詞はwere）	（内容による）・現在／未来の話：**would/should/could/might＋動詞**
3	**仮定法過去完了**	×	過去のこと　→　１つ過去へズレる	**過去完了形**（had＋過去分詞）	・過去の話：**would/should/could/might＋have＋過去分詞**

1つ目の「仮定法現在」は、現在や近い将来に起こる可能性のあることを仮定するもので、ifを使う文としては一番早い段階で習う、おなじみの文法です。この場合、たとえ内容が未来でも現在でも、if部分は現在形を使います。

例：If it rains tomorrow, I will stay at home.（明日雨が降ったら、私は家にいます）

　一方で、今回説明する「仮定法過去」と「仮定法過去完了」は、「起こりえない非現実的な」仮定をし、それを示すために　内容と見た目の時制がずれています。例えば表のNo. 2の「仮定法過去」は、内容は「現在」のことを言っているのに、if部分は「過去形」で書き、後半も助動詞が would など、過去のように見える形になります。No. 3は、内容が「過去」の話なのに、形は「過去完了」で書いたり、would 等の後にさらに have ＋ 過去分詞 となったりします。

　「仮定法現在」とは異なるスタイルを採用していることで、「普通の仮定ではない」ことを示すサインを読み手／聞き手に出しているのです。

　「仮定法現在」と「仮定法過去」「仮定法過去完了」、これらが書けるようになれば、ほぼすべての「たられば」話ができるようになります。

「起こりえない内容」なら「過去に1つずらす」

　では、どのスタイルの仮定法を採用すべきか——正しく選ぶ手順は以下の通りです。

① 仮定しようとしている内容が、「ある確率で現実に起こりうる内容」か、あるいは「まったく起こりえない内容」なのか、見極める
② 「起こりえない内容」の仮定ならば、表のように動詞部分の時制を1つ過去にずらす

　先ほど出した例題は、「現実には起こりえない仮定」をしているために「時制が1つ過去にズレている」例です。

〈例題1再掲〉
「もし先日のお見積もりがもう少し安かったら、貴社に発注していましたよ」
If your quotation the other day （　　　）（　　　）a little lower, we （　　　）

(　　　　) ordered it from you.

　これは、表のNo. 3の「仮定法過去完了」に当たります。上記の日本語のセリフから、**実際には「見積もりが高かったので、別の会社に発注した（あるいは注文をしなかった）」**ということが推察できます。つまり、「見積もりがもう少し安かった」ということは、現実には起こらなかったわけです。過去に遡って事実を変更することはできませんから、上記例文は**「過去における非現実的なこと」**を仮定していることがわかります。

　ここからは、実際に英文を一から書いていきましょう。
　実際に（本当に）「先日のお見積もりがもう少し安かった」場合は、こうなります。

Your quotation the other day **was** a little lower.

　今回、「この事実とは反する」仮定をするので、**時制をwas（過去）から、had been（過去完了）に1つずらし、先頭にifをつけます。**この文の前半はこうなります。

If your quotation the other day **had been** a little lower,

　後半も見ていきましょう。実際に（本当に）「貴社に発注していた」場合は、こうなります。

we ordered it from you.

　まず、「貴社への発注」が、ある程度の可能性で過去に起こりえた場合のことを考えてみましょう。「貴社に発注していたでしょう」と単純な予想をすることになり、推量などを表すwill（助動詞）をつけますが、そこには既にorderedという過去形があります。文法には「助動詞の後に置く動詞は原形のみ」という決まりがあり、このままではうまくつながりません。どうしても「過去」の意味を出したいので、haveをつけて完了形にし（ordered → have ordered）、その結果、下記のようになります。

we **will have ordered** it from you.

ただし今回は「起こりえなかった」話なので、will を1つずらして would にします。

we would have ordered it from you.

このように、**後半（帰結節）でも同様に、「非現実」な話からの「推量」を言う場合には、時制を形だけ過去方向へ1つずらす**ことになるのです。

█ 仮定法のさまざまな表現

●「（過去に）～していたら、（今ごろは）……なのに」

なお、後半は、その内容によってどの時制を使うかが変わります。例えば、次の例文のように、**if 部分が過去の話で、帰結節が現在の話**という場合もあるのです。

〈例題1の変形〉
「もし先日のお見積もりがもう少し安かったら、**貴社は今ごろこのセレモニーでステージに立っていらっしゃったのに**」（前半＝過去の内容、後半＝現在の内容；見積もりが安かったら協業して、今行われている新サービス発表の共同セレモニーで脚光を浴びていただろう、の意味）
If your quotation the other day had been a little lower, your company **would be** on the stage of this ceremony now.

このように、帰結部は、p.21の表の通り、その内容次第で「その時制を1つずらす」ことになります。

なお、No. 2の**「仮定法過去」の場合に if 部分の be 動詞が必ず were になる**ということを学校で習ったと思います。これは、古い英語では仮定をする際に使う be 動詞が必ず were の形だった名残りであると言われています。ここでも、現実から少し離れたニュアンスを出すために、わざと古い英語を使って「何か普通と違う」ということを読み手に気づかせようとしているのです。

●「～しておけばよかった」―― 後半だけ

また、**後半（帰結節）だけを使う**ことも、よく行われています。以下のようなつぶやきも、仮定法の後半部分で言えます。ため息混じりの大人の会話には、仮定

法が使えます。

I should have accepted that offer when it was made.
（オファーされた時、受けておけばよかったなぁ）

　なお、余計なお世話ですが、この帰結部だけを使って「後悔」を語る用法は、**あくまでも「自分」「我々」を主語にする時だけ使うことにしておくのがおすすめです**。次の例のように、他の人や他社を主語にこの用法を使うと、おせっかいな一言になってしまい、揉め事の原因になりかねませんので、気をつけましょう。

例：「あなたは、あの時、彼のプロポーズを受けておけばよかったのに」
　　「あの時、貴社はこの開発を始めていればよかったのに」

　さて、ここまで学んだことを思い出して、下記の例題をやってみましょう。

✱ さまざまな仮定法を使って書く

例題2： 以下を英文で書いてみよう。（　　）内の数字は、p.21の表の番号と対応している。

a. 明日、もし雨が降ったら、ランチはすぐ近くのあのレストランで食べよう（1）。

b. もし私があなたなら、このプロジェクトに絶対参加するのに（2）。

c. もし昨日晴れてたら、美術館で庭の彫刻を見て歩けたのに（3）。

d. もし先日の弊社のお見積もりがあと100万円低かったら、発注していただけたでしょうか？（3）

e. もう少し早く会社を出ていればよかったのになぁ（帰結節のみ）。

a. ＿＿＿＿＿＿＿＿＿＿＿＿＿＿＿＿＿＿＿＿＿＿＿＿＿＿＿
　＿＿＿＿＿＿＿＿＿＿＿＿＿＿＿＿＿＿＿＿＿＿＿＿＿＿＿

b. ＿＿＿＿＿＿＿＿＿＿＿＿＿＿＿＿＿＿＿＿＿＿＿＿＿＿＿
　＿＿＿＿＿＿＿＿＿＿＿＿＿＿＿＿＿＿＿＿＿＿＿＿＿＿＿

c. ＿＿＿＿＿＿＿＿＿＿＿＿＿＿＿＿＿＿＿＿＿＿＿＿＿＿＿

d. _____

e. _____

　解答例は、下記の通りです。なお、ご存じの通り、文はさまざまな表現方法があ
りますので、他にも正解はたくさんありえます。下記は、あくまでも解答の一例と
お考えください。確認ポイントは、助動詞や時制、動詞の変化です。

解答例

a. If it rains tomorrow, shall we have lunch at that nearby restaurant?

b. If I were you, I would definitely join this project.

c. If the weather had been fine yesterday, we could have walked around the sculptures in the museum garden.

d. If our quotation the other day had been a million yen lower, would you have ordered it from us?

e. I should have left the office earlier.

2　自動詞と他動詞を見極めて使う

　動詞の使い方がぎこちない例をよく見かけます。動詞とともに使う前置詞も含めて使いこなすために、まず動詞に2種類があることを思い出してください。

対象に「前置詞をつける／つけない」をどう判断するか

　ご存じの通り、動詞には、(1) 主語の「状態」を表すことが多いbe動詞と、それ以外の (2) 動作等を表す**一般動詞**の2種類があります。

　そして、一般動詞は、動作の対象について、動詞の後に **(1) 前置詞をつけて使う**ものもあれば、**(2) 前置詞をつけない**ものもあります。例えば以下のように。

「その件について話した」

(1) の例：We talked **about** the issue.

(2) の例：We discussed the issue.

　英文を書く時に、「いま書こうとしている動詞って、前置詞つけるの？ つけないの？」と気になる人も多いのではないでしょうか。

　英文法としては非常に基本的なポイントなので、特にありふれた単語で間違えると、ミスが目立ちます。よく使う動詞なら覚えているでしょうが、初めて使おうとしている動詞の場合、何をどう確認したらよいでしょうか。

自動詞は前置詞をつける、他動詞はつけない

　最初に確認すべきポイントは、その動詞が**自動詞なのか他動詞なのか**です。上の例でいえば、talkは前置詞が必要な自動詞で、discussは他動詞です。

　以下のように整理してみました。

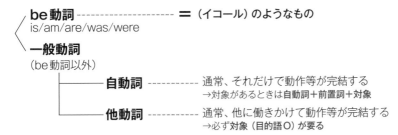

```
be動詞 -------------------- ＝（イコール）のようなもの
is/am/are/was/were

一般動詞
（be動詞以外）

        ─── 自動詞 ---------- 通常、それだけで動作等が完結する
                            →対象があるときは自動詞＋前置詞＋対象

        ─── 他動詞 ---------- 通常、他に働きかけて動作等が完結する
                            →必ず対象（目的語O）が要る
```

自動詞は、他者への働きかけは不可欠ではなく、**自分の動きだけで完結する動作**を表すことが多いため、動作対象についての言及は必須ではありません。

例：「昨日はたくさん話しましたね」We **talked** a lot yesterday.

　この例のように自動詞では目的語をとりません（a lot はこの場合、very much と同義の副詞句です）。必須ではない**対象についてあえて言及する場合**、その対象の前には前置詞を置かないと、文法的に成立しなくなります。以下がその例です。

例：「その件についてたくさん話した」We **talked** a lot **about** the issue.

　他動詞は主に、他の何か（人／物／場所など）に働きかけてようやく完結する動作について使います。そのため、その動作対象である「**目的語**」が**必須**です。文法的にも、動作対象はその文の構造の必須要素となっていて、前置詞は要りません。例えば、「議論する」（discuss）場合、雑談とは違い、必ず「議題」があります。その議題が「目的語」になります。中学で習った「基本5文型」のうち、例えば、第3文型SVOのO（目的語）の前には前置詞をつけませんよね。あれです。

例：「その件について議論した」We **discussed** the issue.

自動詞か他動詞かは辞書で確認できる

　最も基本的かつ確実な確認方法は、**辞書で見る**ことです。紙の辞書でも、ウェブサイトやアプリでも構いません。辞書でその動詞を引けば、英和辞典なら [自] や [他]、あるいは [自動] [他動]、英英辞典なら intransitive verb（自動詞）や transitive verb（他動詞）、またはその略称である intransitive や transitive、I や T、vi や vt といった表示があります。まずは、この表記で見分けられます。自分用の単語リストを作っている方なら、その中に、動詞なら「自動詞」「他動詞」の区別も書いておくとよいでしょう。それほど重要な情報です。

---

talk 動詞
自 （…について）話す、しゃべる、相談する
What are you talking about? / I'm talking to you.
他 ［人を］説得して…させる
I talked her into lending me money.

基本は自動詞だが、他動詞としても使われる talk を単語リストに記載した例

ところで、学生時代にしっかり辞書を引いて勉強した経験のある方は、「あれ？
1つの動詞で、自動詞・他動詞の**両方の用法がある動詞もある**よね？」と思われた
かもしれません。その通りです。結論から言うと、これは意味によって使い分けて
いるのです。

　例えば、「歩く」動作は一人でできるので、一般的には、walkは自動詞として使
うことが多いのですが、同じwalkには「(何かを)散歩させる」という意味もあり、
この用法では他動詞として使います。ただし、一般的な用法は前者「歩く」の意味
のほうですから、まずは前者のみ覚えておけば大丈夫です。

自動詞の例：He **walked** to the station. (駅まで歩いた)
他動詞の例：He **walked** the dog. (彼は犬を散歩させた)

　なお、ある動詞に「自動詞」「他動詞」の2つの用法がある場合は、辞書に先に書
かれているほうがメインの用法というのがお約束です。一般的には他動詞のほう
が多く、両方の用法を持つ動詞もかなりの数になります。

　では、おさらいのために、簡単な例題を解いてみましょう。

✳ 前置詞が必要かどうか見極める

例題3：下記は、契約交渉中の2社の担当者間の会話である。下線を引い
た前置詞は、そのままで正解 (a) か、削除すべき (b) か、そのままでも削
除してもどちらでも正解で同じくらいよく使われる (c) か、どれに該当す
るかを答えなさい。なお、辞書を使っても構わない。

A: Have we reached (1) <u>to</u> an agreement on the other fees?
B: I don't think so. Shall we talk (2) <u>about</u> them tomorrow afternoon?
A: Let's do that. I'll check (3) <u>with</u> our people's availability.
B: Thank you. I'll do that, too. And shall I prepare a list of items to discuss
　 (4) <u>about</u>?

参考訳：
A: 他の手数料については、もう我々双方で合意済みでしたか？
B: まだだと思います。明日の午後、その話をしましょうか？
A: そうしましょう。弊社側の人間の都合が合うか、確認します。
B: ありがとうございます。私もそうします。あと、議題のリストをこちらで用意しましょうか？

解答と解説

(1)＝(b)、(2)＝(a)、(3)＝(b)、(4)＝(b)

(1)は、(b)（toを削除すべき）しか答えはありません。「合意に達する」**reach an agreement**は、いわば**決まり文句的な表現であり、その間にtoを入れることはありません。**このように、動詞reachを「届く」「達する」という意味で使うなら、「届く先」の情報が必要ですから、他動詞です。ただし、**「（何かを得ようとするなどの目的で手などを）伸ばす」という意味で使う自動詞の用法なら、前置詞を使うこともあります**（例：She reached for the salt. 彼女は塩を取ろうと手を伸ばした）。

(2)は、一般的には、(a)（そのままで正解）です。ただし、**talkには、主に米国でdiscussの代りに使われる他動詞としての用法もある**ため（例 They wanted to talk politics. 彼らは政治の話をしたがった）、文法的にはaboutなしでもOKです。国際語として英語を使うなら、世界のどこでも同様に通じるtalk aboutの用法がおすすめです。

(3)は、迷った人も多かったかもしれません。checkは、何かを誰かに確認する場合、**「誰か」の前にwithをつけますが、「何か」にはwithはつけません。「何か」の部分は目的語です。**今回は、withの後に「弊社側の人間の都合」、つまり人ではなく物事が書かれているため、withは削除すべきです。答えは(b)。一方で例えば、**I will check the availability with them.** と言うことはできます。

(4)は、(b)（aboutを削除すべき）しか答えはありません。多くの動詞は、自動詞・他動詞の両方の用法がありますが、**discussには、他動詞としての用法しか**ありません。

前置詞を付けるか付けないかなんて大きな問題ではないだろうに、と思った方

もいるでしょう。しかし、もう一度、小さなミスや不自然な表現が多く含まれた文を読む側の気持ちになってみましょう。自分が書いたメールがそんな印象になっていたら…。考えただけで怖いですね。

また、スムーズに短時間で読める英文は、忙しい相手への気配りにもなります。重要です。

動詞の後の前置詞をミスすると
「てにをは」を間違えたみたいな感じ

少し複雑な内容になると、何を言いたいのかよくわからない文を見かけることがあるのが受動態です。心配な方は、もう一度コツをおさらいしておきましょう。

受動態の文が正しいか不安なら、能動態に戻せ

自分で書いた受動態（passive）の文が正しいのかどうか、自信がない時があるかもしれません。一番簡単な確認方法は、能動態（active）に戻してみることです。うまく戻れば、OK です。

受動態の作り方は、ご存じの通りです。元の文（能動態）の目的語を主語にして、動詞部分を、be 動詞＋元の動詞の過去分詞にして、動作の主体を示す必要があれば by ＋元の文の主語、という形になります（下図）。

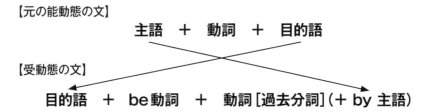

【元の能動態の文】

主語　＋　動詞　＋　目的語

【受動態の文】

目的語　＋　be 動詞　＋　動詞［過去分詞］（＋ by 主語）

例えば、下記の能動態の文があったとしましょう。これを、上記に従って、受動態に書き換えてみるとこうなります。

The company moved all its factories in China to other Asian countries.

All its factories in China were moved to other Asian countries by the company.

訳：その会社は、中国にある工場をすべて、他のアジアの国々に移転した。
　　その会社の中国にある工場はすべて、他のアジアの国々に移転された。

順序を変えたせいで冒頭に its が来ていますが、its ＝末尾に書いてある the company のことだ、と明確にわかるように、順序を入れ替えて少し書き換えてみます。

All of the company's factories in China were moved to other Asian countries by the company.

　なお、この文で末尾のby the companyの部分は、言わなくてもわかる内容ですから、削除したほうがよいでしょう。

　もし、**いきなり受動態の文を書いた時に「何かおかしいな」と思ったら、上のステップを逆順でやってみて、能動態の文にうまく戻るかを試してみればいいのです。** byで示しているものを主語にし、主語になっているものを目的語にできるか、ということです。

　うまく戻らなければ、どこか間違っている可能性があります。by themのように「書かなくてもわかる」情報が一部省略されているせいでうまく能動態に戻らないという場合は問題ありません。しかし、文型や文法面でどう見てもおかしい場合は、受動態の文は修正が必要です。

　もし受動態を書き慣れていない場合は「急がば回れ」です。基礎体力づくりだと思って、最初に能動態の文を書いてからそれを受動態に書き換える、ということを何度かやれば、コツがわかり、最初から受動態の文が正しく書けるようになります。

受動態をうまく作れない時の書き換えテクニック

　ここで例題を解いてみましょう。

✽ 受動態を能動態に書き換える

例題4： 下記の受動態の文を、能動態に書き換えなさい。下記の文には、誤りがある可能性があり、また情報が不足している場合もある。その場合は、補ったり訂正したりして能動態の文に書き換えなさい。

1. I was told by my boss that I should complete the task by 3 pm.
2. Instructions regarding the procedure for ISO 9001 certification were given by the consulting company.
3. I was called my name when I was in the waiting room of the clinic.

1. _____

   _____

2. _____

   _____

3. _____

   _____

参考訳：
1. そのタスクを午後3時までに（私が）終えなければならないと上司が言った。
2. ISO 9001認証のための手続きに関してコンサルティング会社が我々に説明した。
3. クリニックの待合室にいた時、スタッフが私の名前を呼んだ。

解答例

1. My boss told me that I should complete the task by 3 pm.

2. The consulting company gave instructions regarding the procedure for ISO 9001 certification to us. または
   The consulting company gave us instructions regarding the procedure for ISO 9001 certification.

3. A member of the clinic staff called my name when I was in the waiting room. または
   A member of the clinic staff called me when I was in the waiting room.

解説

1. どなたもスムーズに作れたと思います。元の文でbyをつけて書かれていた「上司」を主語にして書き換えればよいです。

2. 「誰が」その説明を受けたのか、という情報が元の文に欠けていますが、それは「我々」のことだと解釈できます。giveは、目的語を1つ、あるいは2つ置ける動詞です。usを入れなくても成り立つので、gaveの目的語は"instructions ..."だけにして、usは前置詞toをつけて末尾に置くのが1つ目の例。目的語としてまずusを置くのが2つ目の例、どちらも問題なく使えます。なお、通常では受け身の文にはその動作・行為の対象（この文ではto us）は明記される場合がほとんどです。

3. **元の受動態の文にそもそも誤りがあります。**それを訂正して、情報不足

を補う必要があります。まず、「誰が」呼んでいるのか、という情報が欠けていますが、場所がクリニックの待合室なので、「そのクリニックのスタッフ／受付の人」が呼んでいると想定されます（ここまでは常識的に推察できる範囲の情報省略で、間違いではありません）。

　しかし、クリニックのスタッフが呼んでいると想定して、元の文をそのまま能動態に戻そうとすると、A member of the clinic staff called me my name when ... となります。何か違和感を覚えませんか？ call me my nameって「私に私の名前を呼ぶ」？　おかしいですよね。そうです。callという動詞は、目的語を2つ置くことはできますが、それは「…（のため）に…を呼ぶ」という場合のみです（例：I asked the store to call me a taxi. [私のために] タクシーを呼んでもらうよう、お店に頼んだ）。callの後に目的語＋補語を置く場合もありますが、それは「…を〜と呼ぶ」という場合です。今回の例でmy nameのところに実際の名前が入っていればこの意味になりますが、my nameでは「私をmy nameと呼ぶ」になってしまい、意味不明です。

　callは、1つの目的語を置くだけで「（その人を）呼ぶ」および「（その人の名前を）呼ぶ」という意味で使えます。そのため、meとmy nameの両方を使ってしまったのが間違いでした。元々の受動態の文は、callという動詞の使い方を十分に把握せず、「私は名前を呼ばれた」という日本語の雰囲気からなんとなく作ってしまった文だったのです。**My name was called when 〜、またはI was called when 〜が正しい受動態の文**です。

　能動態ではA member of the clinic staff called my name 〜、またはA member of the clinic staff called me 〜となります。

　3番の例のように、ありえない受動態の文を作ってしまわないようにするにはどうしたらよいでしょうか。それぞれの動詞の使い方をよく把握し、心配なら元の能動態の文から作ってみるなど、工夫してみましょう。

自動詞を受動態にする時のコツ

　「目的語を置けない自動詞は受動態にできない」と思っている方が多いかもしれません。確かに、die（死ぬ）など、自身で完結する動作の場合は、意味的にも、受動態にはなりえません。でも、必ずしもそうではありません。例を挙げて詳しく説明します。

　自動詞には、前置詞や副詞と組み合わせて他者との関わりを示せる動詞があります。この「**動詞＋前置詞（または副詞）**」を「**群動詞**」「**句動詞**」と呼んだり、**それを受動態的にしたものを「擬似受動態」**（pseudo-passive）と呼んだりします。例を示します。

　下記のtalkは自動詞ですが、talk aboutのかたまりで「～について話す」という他動詞的意味合いになります。その後に続くthe issueを目的語と考えれば、この語を主語にして書き換えることができます。

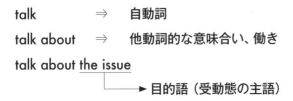

talk　　　　　⇒　　**自動詞**

talk about　　⇒　　**他動詞的な意味合い、働き**

talk about the issue

　　　　　　　━━━▶ **目的語（受動態の主語）**

【能動態】

They talked about the issue.　（彼らはその件について話した）

【受動態】

The issue was talked about (by them).

　他にも以下のような例があります。

【能動態】

She took care of the baby.　（彼女が赤ん坊の世話をした）

Tom always makes fun of his younger brother.　（トムはいつも弟をからかっている）

【受動態】

The baby was taken care of by her.

Tom's younger brother is always made fun of by him.

ここで、例題を解いてみましょう。

✴ 能動態を受動態に書き換える

例題5： 下記の文を書き換えて、下線部を主語にした受動態の文にしなさい。なお、必要な場合は、単語の形を書き換えなさい。また、その文が受動態にならない場合は、「×」を記入しなさい。

1. One of the teams successfully developed <u>a new product</u> within a year.
2. The webinar ended at <u>3:30 pm</u>.
3. They gave us <u>an instruction manual for the machine</u>.
4. They gave <u>us</u> an instruction manual for the machine.
5. The president spoke to <u>me</u> after the meeting.

1. _____

   _____

2. _____

   _____

3. _____

   _____

4. _____

   _____

5. _____

   _____

参考訳：
1. うち1つのチームが1年以内に新製品の開発に成功した。
2. そのウェビナーは午後3:30に終わった。
3/4. 彼らは、そのマシンの操作マニュアルを我々に与えた。
5. 会議後に社長が私に話しかけてきた。

1. A new product was successfully developed by one of the teams within a year.

2. ×

3. An instruction manual for the machine was given us (by them). または
An instruction manual for the machine was given to us (by them).

4. We were given an instruction manual for the machine (by them).

5. I was spoken to by the president after the meeting.

解説

1. これは、一般的な受動態の形へ変更する文です。注意点は、successfullyの場所で、**副詞を動詞周辺に置く場合は、助動詞やbe動詞の後で、一般動詞の前**になります。

2. この文における「午後3:30」という**時刻は、目的語のような意味を持っていません**から、endが自動詞であるかどうかにかかわらず、受動態の主語になりません。

3. 解答例には2つの文案を書きました。目的語が元の文のままで受動態にしたものが前者です。後者は、目的語が2つあるSVOO（第4文型）をSVO（第3文型）の形、They gave an instruction manual for the machine to us.に変換して、それを受動態に書き換えたものです。一般的には後者のほうが自然でよく使われます。前者の文は少し硬い感じの印象になります。

4. usが主語になるとWeになります。by themは、あってもなくてもよいでしょう。

5. toとbyという2つの前置詞が並んでいることに違和感を覚える方もいるかもしれませんが、toはspoken toというかたまりの一部、byはby the presidentというかたまりの一部で、その2つがたまたま並んだだけなので、気にする必要はありません。

4　名詞の数と冠詞は極めて重要な問題

　日本人の英語学習において、最後まで「難しい」と言われるのが、「冠詞」でしょう。また、日本語では普段は考慮しない「名詞の単数／複数」も、ミスが多い分野です。うっかり意図しない内容を書いてしまわないためにおさらいしておきましょう。

なぜ名詞の数と冠詞は重要なのか

　本セクションの内容は、相手にスムーズに読んでもらえる英文を書く上で、おそらく皆さんの**予想以上に重要**です。

　なぜでしょうか。名詞や冠詞は、英文の**ありとあらゆる場所**に出てきます。ということは、英語において、**基本中の基本**の一つです。もしその使い分けの大半が間違っていたらどうでしょうか。書き手のことを、ある程度以上の教育を受けた人だと思えるでしょうか。また、真剣に読むべき内容が書かれているように見えるでしょうか。実際、そうした間違いの多さにあきれた日本在住の英語ネイティブの投稿をSNS上で見かけたり、日本的な英語を揶揄するウェブサイトも見かけたりすることがあります。

　また、**数を間違えるのはビジネスでは致命的**で、事実関係が変わってしまいます。例えば、**複数形で書いたら、それは「2つ以上あるよ」**と暗黙のうちに伝えていることになりますが、本当は1つだったとしたら、大問題にもなりかねません。特に、書き言葉は証拠として残ってしまいますので、要注意です。

　名詞の単数／複数や冠詞（a/an/the）は、基本的なルールとしては中学英語の範疇ですが、名詞の単数／複数や冠詞の区別は日本語にない領域であるせいか、私たち**日本語ネイティブには「名詞を使うたびに毎回、その数や特定／不特定を意識する」という習慣がありません。**そのため、ミスが起こりがちです。一方で、うまく使えば、長々と書かなくても特定の意図を伝えられる方法として、活用もできます。

名詞と冠詞についての基本

　名詞については、それが「**数えられる**」（可算名詞）か「**数えられない**」（不可算名詞）か、数えられるならそれは「**1つ**」なのか「**2つ以上**」なのか、を常に意識し、それに即して書く必要があります。

冠詞については、ご存じの通り、以下が基本となります。

- ●「不特定の、とある1つのもの」にはaがつく
- ●「特定の何か」にはtheがつく

── 直前に言及しているものを「その…」と示すthe

──「あれ」と言えば誰でも「あれのことだ」とわかるもの（例：the earth［地球］など世界に1つしかないもの、社内の会話でthe meeting roomといえば「あの会議室だ」とわかるもの）につけるthe。

ここまでは基本中の基本で、みなさんご存じのはずですが、**その他にも、当たり前のルール**がいくつかあります。

数えられる名詞の単数形にはaやtheやmyなどがつく

数えられる名詞（可算名詞）を単数形で使う場合、必ず冠詞や所有格といった限定詞をつけます。つけないとNGです。なお、**形容詞をつけただけではダメ**なので、注意しましょう。

例えば、computerを単数で使う場合、そのままでは文法的にエラーとなります。

× computer / laptop computer / personal computer

○ a computer / the computer / the company's computer / my computer

形容詞をつけると冠詞を忘れてしまう方が多いので要注意です。

「一般論として」何かを語る場合は、冠詞なしの複数形（可算名詞の場合）

例えば、「友達に1人、パソコンが得意な人がいる」としましょう。「パソコン」は英語では、単にcomputerと言うことが多いですが、下記の文で、computerは①〜④のどの形で書きますか？

One of my friends is good at _____.

① computer　② computers　③ the computer　④ the computers

答えは、②です。上の小見出しの通り、一般論として「パソコン」と言う時には、冠詞なしの複数形にします。「どれか特定のパソコン」の話ではなく、一般論として多くの「パソコン」の話をまとめてしているからです。

例えば、「犬は、雪が降ると喜んで外を走る」の「犬」もこれに該当します。「どこかにいる特定の犬」の話をしているのではなく、「犬というものは」という一般論としての話なので、dogsです。

また、「私は、美術館に行くのが好きです」と言う時の「美術館」は、行ける範囲に美術館が1つしかない場合を除けば、特定の美術館のことではなく、多くの「美術館」をひっくるめた一般論としての「美術館」と解釈できますので、museumsです。

つまり、冠詞のない複数形を使えば、**Generally speaking**などと言わなくても、「**一般論を言っている**」**ということを示せる**のです。これはどんな可算名詞についても適用可能です。**細かい文法をよく把握していると短く書ける**というのは、こういう話です。

「機能」として語る場合は、冠詞なしの単数形

機能：学びの場

中学の頃に習った表現の中に、「学校に行く」go to schoolというものがあったでしょう。schoolは、単数形なのに冠詞（aやthe）がありません。不思議ですね。

冠詞なしの場合も文法的に正解ですが、冠詞をつけた時とは意味が違います。

「学校に行く」の場合、学校という「団体」やその「建物」に行くことを言っているのではなく、「学びの場」という、ある種の「機能」を担う場へ行く、という意味で使われています。**特定の学校のことではない**のです。その場合、**冠詞も所有格もつけない単数形**で書きます。

「高校へ行く」「大学へ行く」場合も同様に、特定の学校を指さない限りは、go to high school、go to universityとなります。

go to school

- ・aやtheは付かない
- ・特定の学校ではない「学びの場という機能」だから
- ・「特定の学校」へ行く場合は go to the school

機能：交通機関、支払い手段など

他には、**交通機関**や**支払い手段**などの場合に、冠詞なしの単数形で使う例が多

く見られます。これも同様に「機能」として使われているものと考えられます。

　例えば、「あの研究所には地下鉄で行ける」と言う場合、by the subwayではなく、by subwayです。これも、特定の地下鉄の話をしているのではなく、機能としての地下鉄です。しかし、その直前に、特定の地下鉄路線の話をしていて、「その地下鉄で行ける」と言いたいならby the subwayとなります。同じく、by bikeや、by taxi、by carなどが冠詞なしで使えます。

　「クレジットカードで支払う」などの支払い手段の場合も、同様にby credit cardなど、冠詞抜きで使えます。

・ 地下鉄で行く → go **by subway**／その地下鉄で行く→ go **by the subway**
・ クレジットカードで支払う → pay **by credit card**
　 そのクレジットカードで支払う → pay **by the credit card**

機能：寝る場所

　また、「風邪で一日中寝ていた」という場合、I was in bedであり、I was in the bedではありません。これも、特定のベッドのことを言っているのではなく、「寝る場所」という「機能」の場を指しているからです。

・ 寝ていた → I was **in bed**
・ そのベッドで寝ていた → I was **in the bed**

　ただし、同様の「機能」において、どの名詞についてもこの用法が使えるかというと微妙です。例えば、「出勤する」と言う時にgo to officeと言えるかといえば、そうではなく、go to the officeと冠詞を必ずつけます。「働く場」を表す単語はofficeに限らないということかもしれません。あくまでも、上記の例を参考に使いながら、実際に見聞きした事例を獲得して使える範囲を広げていかれるとよいでしょう。

　おさらいを兼ねて、次に挙げる例文の間違い探しをしてみましょう。名詞・冠詞にまつわる他の部分のエラーも含まれていますので、よく見てみましょう。

✱ 間違い探し

例題6： 下記の文には誤りがある。誤りを指摘し、修正文案を作りなさい。

1. One of the employee was promoted to division manager.

2. We implemented the effective method five years ago.
   (状況：手法について直前に特に言及していない)

3. The product we launched last year have a serious problem.
   (状況：「去年新たに発売した製品は1つ」だとお互いに了解している)

1. _____

_____

2. _____

_____

3. _____

_____

参考訳：
1. 従業員の1人が部長に昇進した。
2. 我々(弊社)は、効果的な手法を5年前に導入した。
3. 昨年発売したその製品には深刻な問題がある。

解答例

1. employeeが単数形なのが誤り。修正案は、One of the employees was promoted to division manager.

2. effective methodの前のtheが誤り。修正案は、We implemented an effective method five years ago.

3. haveが誤り。修正案は、The product we launched last year has a serious problem.

解説

1. 実際のライティングで非常によくあるミスです。One of ...（…のうちの1つ／1人）ということは、…の部分は2つ／2人以上、つまり複数であるはずです。そのため、加算名詞のemployeeは単数ではなく、

employeesにしなければなりません。英語では、こうした論理的なつじつまをきっちり合わせていく必要があります。

　なお、主語であるOne of the employeesの末尾が複数形の場合、今度は、それにつられてwasをwereにしてしまうミスが散見されます。主語であるOne of the employeesの最もコアな部分はone、つまり1人のことですから、be動詞の直前の複数形につられることなく、wereではなくwasにしなければなりません。また、division managerのような役職名には冠詞はつきません。

2. 注釈（手法について直前に特に言及していない）を考慮すると、この文は誤りと考えられます。methodといえば世の中に1つしかない、という状況ならば、いきなりthe methodと言うこともできるでしょうが、そうではありませんので、初出時はa（ある…）、その記憶が残っているうちに言及するくらいの時点ではthe（その…）とするのが一般的です。

3. この文は、「去年発売した製品」が1つだけであるなど、「去年発売した製品」と言えば「あれだね」とわかる場合に成り立ちます。ここでは、可算名詞のproductは単数形ですから、動詞はそれに合わせてhaveではなくhasにしなければなりません。「**主語が三人称の単数で、時制が現在の場合、動詞にsをつけるなどの変化がある**」というルールは中学英語の範疇ですが、**主語に関係代名詞が含まれたりして長くなった場合に、これがうまく書けなくなる方が結構いらっしゃいます。**主語の部分の中で最もコアな単語はどれか、それが単数なのか複数なのか、について常に目を配り、それに合わせた動詞にしましょう。

情報共有の仕方ひとつで a か the かに分かれる

　ではここで、例題をやってみましょう。

✱ 情報共有の仕方で主語の表現が変わる

例題7： 下記の文はいずれも「製品に問題がある」という内容だが、それぞれの状況にふさわしい主語になるように、（　　　　）の中に単語を入れなさい。

1. 「去年発売した製品が複数ある」と皆が知っている状況で、前置きなし
   で「ある製品に問題がある」と話す場合

   (　　　) product we launched last year has a serious problem.

2. 「複数発売した」ことを知らない相手に、「去年発売したある製品に問題
   がある」と話す場合

   (　　　)(　　　)(　　　) products we launched last year has a
   serious problem.

3. 去年発売した製品の「すべて」に問題がある、と明確に言いたい場合

   (　　　)(　　　)(　　　) products we launched last year have
   serious problems.

解答

1. A　　2. One of the　　3. All of the

解説

1. 「去年発売した製品が複数ある」という情報が共有されているが、その
   うち特定の製品について言及していない場合は、主語はThe product
   ではなくA productにしなければなりません。「去年発売したその製品」
   と言ってもどれのことかわからないからです。

2. 「複数発売した」という情報が共有されていない相手に伝える場合、
   One of the products 〜と表現するのが最も自然でしょう。それによっ
   て、問題があるのは「複数の製品のうちの1つ」と伝わるからです。

3. 「去年発売した製品」が複数あって、それら（すべて）に問題がある場合
   は、The products we launched last year have serious problems.
   となります。去年発売した製品の「すべて」に問題がある、と明確に言
   いたい場合は、All of the products we launched last year have
   serious problems.と、冒頭にAll ofをつけるのがよいでしょう。「すべ
   て」ではなく「一部」の場合はSome of the products 〜となります。

　いかがでしょうか。名詞と冠詞、間違えやすいパターンがわかったと思います。
同じような間違いをしないよう、注意しましょう。

5　関係代名詞と関係副詞を使いこなす

　関係詞は、複雑で面倒だと敬遠する人もいますが、**形容詞だけでは表現できない修飾や補足説明を可能にする、実用的で「使える」文法**の一つです。ここではその使い方や作文の仕方の基本を説明します。

▌関係代名詞と関係副詞

　関係詞には、関係代名詞と関係副詞があることは習いましたよね？　名前の末尾が「代名詞」「副詞」となっていることからもわかる通り、関係代名詞のほうは名詞、つまり人や物、事に対して使い、who、which、what、thatといったものがあります。一方、関係副詞のほうは、時や場所、理由など、副詞句で表現するような事柄に対して使い、when、where、how、why といったものがあります。

▌関係詞は長い修飾表現を可能にする

　「〜な〇〇」「〜の〇〇」といった言葉は、英語では大抵、「形容詞＋名詞」や「名詞 of 名詞」、「名詞＋分詞」など、短い表現で言い表すことができます。例えば、「きれいな花」はbeautiful flowersと言えますし、「あの会社の従業員たち」ならthe employees of that companyと言えるでしょう。「フランス語で書かれた本」なら、a book written in Frenchと言えます。

　ところが、名詞にかかる「〜」の部分が長くなると、こういった表現では表せなくなります。例えば、「先月あの製品を注文してくれた会社と近々打合せがある」と言いたい場合、下線部は1つの形容詞では表現できません。こうした**長い修飾語句の表現を可能にしてくれるのが関係代名詞や関係副詞という関係詞**です。

　関係代名詞を使った文の作り方を、シンプルなものからおさらいしていきます。

▌関係代名詞の文の作り方（1）　最も基本的なパターン

　関係代名詞を使う文には、主語と動詞を含む部分（節）が複数あります。この「節」が、長い修飾を可能にしています。しかし、慣れていなければ、複数の節から成る文をいきなりすらすらと書くことはできない。

　ではどうするか。最も基本的な書き方は以下の通りです。

① 言いたい内容を、1組の主語＋動詞だけで言える単位ごとに区切って書き

② 共通点となる言葉を軸に関係代名詞でつなげていく

先に挙げた「先月あの製品を注文してくれた会社と近々打合せがある」という例では、「その会社が先月あの製品を注文した」と「その会社と近々打合せがある」をそれぞれ書き、2つの共通項である「その会社」を軸に接続して、1つの文にします。関係代名詞から始まる節は、共通項の言葉（先行詞）の後に置きます。

① 1組の主語＋動詞だけで言える単位ごとに区切って書く：

「その会社と近々打合せがある」　　　　　　　「その会社が先月あの製品を
　　　　　　　　　　　　　　　　　　　　　　注文した」

・ We will soon have a meeting with the company.　The company ordered that product last month.

　　　　　　↓　　　　　　　　　　　　　共通の言葉が隣り合わせ

② 共通項の単語の2つ目を関係代名詞に差し替え、2つの文をつなぐ：

・ We will soon have a meeting with the company which ordered that product last month.

　　　　　　　　　　　　　　whichはwho、thatになることも

これで「先月あの製品を注文した会社と近々打合せがある」という意味の文になります。なお、関係代名詞にも種類があり、先行詞が人の場合はwho、物や事の場合はwhichやthatです。今回は、会社なのでwhichにしました。なお、アメリカ英語ではthatを使うほうが一般的です。

なお、今回、①で書いた時に**共通項の言葉が隣り合わせ**になっていますが、これが、2つの節を最もつなげやすいパターンです。なぜなら、**先行詞と関係代名詞を隣接させて書くのが基本**だからです。

関係代名詞の文の作り方（2）　共通項が隣り合わせにならなかった時の方法

上の例では、たまたま共通項となる単語が元から隣り合っていて、楽に組み合わせることができましたが、実際にはそうならない場合が結構あります。ここでは、その場合にどうするかを説明します。

例えば、「我が社で10年前に製造した機械を、これから修理しに行くよ」という場合は、①の最初の段階では、この状態です。

① 1組の主語＋動詞だけで言える単位ごとに区切って書く：

「その機械を修理しに行く」　　　　　「我が社がその機械を10年前に製造した」

・ We are going to repair <u>the machine</u>.　We manufactured <u>the machine</u> 10 years
　ago.

　この場合の共通項は the machine ですが、今回は、隣り合っていません。そこで、後半（最終的に、関係代名詞から始まる節になる側）の順序を変えていきます。この場合、the machine は目的語ですが、それを前に出し、残りをそのままの語順で維持します。

② 共通項の単語の2つ目を関係代名詞に差し替え、2つの文をつなぐ：

・ We are going to repair the machine.　<u>the machine</u> we manufactured 10 years
　<u>ago</u>.

組み立ての中間段階
（先行詞が2つ目の文の目的語の場合）
↓

・ We are going to repair <u>the machine</u> <u>which</u> we manufactured 10 years ago.

　これで「我が社で10年前に製造したその機械を修理しに行く」になりました。もし、修理に行くのが書き手本人なら、冒頭の主語は I でもよいでしょう。

〈参考：関係代名詞を省略できる場合・できない場合〉

　「関係代名詞は省略できる」と聞いたことがある方もいるでしょう。ただし、常に省略できるわけではありません。**省略できるのは、関係詞節の中で「目的語的な位置付けで使われている時（目的格）のみ」**です。the machine の後の which は、関係詞節（後半部分）の中では「目的語」のような位置付けなので、省略可能です。関係詞節の中で主語のように使われている場合（主格）は、省略できません。

×　We will soon have a meeting with the company ~~which~~ ordered that product last
　month.

○　We are going to repair the machine ~~which~~ we manufactured 10 years ago.
　主格の関係代名詞を省略した、上のようなミスをよく見かけます。注意しましょう。

関係代名詞の文の作り方（3）　前半部分の中で先行詞が末尾にない場合など

　（1）と（2）では、先行詞になる言葉が主節（これらの例では、前半部分）の末尾にあるので、そのままの状態で、後ろの関係詞節とつなげることができました。先行詞がそれ以外の場所にある場合、どうやって後半とつなげるのでしょうか。

　ここでは、前半部分と後半部分が両方とも、そのままの状態では先行詞と関係詞を並べることができない語順になっているものをご紹介し、どう対処するかを説明します。

　例えば、「今勤めている会社が来月上場する」という場合、下記の手順になります。

① 1組の主語＋動詞だけで言える単位ごとに区切って書く：

　「その会社が来月上場する」　　　　　「今、その会社に勤めている」

・ The company will be listed next month. I am working for the company.

　主語の位置にある　　　　　　　　　　　　　　　前置詞がついている

　左も右も、共通項the companyが面倒な場所にあります。左は、主語の位置にありますし、右は、前置詞がついており、厳密には「目的語」ではありません。

　左（主節）は、結論から言えば、このままでOKです。右（関係詞節）がそれほど長くないので、主節の主語の直後にそのまま関係詞節を挿入します。右は、the companyを前に出し、forまでの部分はそのままの形で残します。

　そして、右のthe companyをwhichに変え、左の文中に挿入します。

② 共通項の単語の2つ目を関係代名詞に差し替え、2つの文をつなぐ：

・ The company will be listed next month.　the company I am working for.

　　　　　　　　　　　　　　　　　　　　　組み立ての中間段階

↓

・ The company which I am working for will be listed next month.

　　　　　　　　　　forは消さないで残すこと

　これで、共通項the companyで2つの内容をつなげることができ、「今勤めている会社が来月上場する」という意味を表現する文になりました。

　なお、上記については、2つ注意点があります。

　まず、書き慣れている方は、順番入れ替えの段階を踏まずにいきなり書こうとす

るかもしれませんが、関係詞節の**最後のfor を削除しない**ように注意しましょう。元の文I am working for the company.を思い出せたら、for がないと意味的に成立しないことが理解できると思います。しかし、語順を変えたところからいきなり書くと、for の後に何も書かないため、このfor は要らないだろうと考えてうっかり削除してしまうことがあります。**元の語順を基準に考えて、意味的にそこで必要なら前置詞は削除してはいけません。** 削除すると意味が変わったり、文法的に成立しなくなったりします。

また、今回は、関係詞節（which I am working for）が比較的短いので、主節の主語の後にそのまま挿入しましたが、関係詞節が非常に長い場合は、そのまま挿入してしまうと、主節部分の主語と動詞が遠く離れすぎてしまう結果になります。すると、文法的には間違いではないのですが、わかりづらい文になることが多いです。その場合は、関係詞節を短く書き直したり、主節を含めて全面的に書き換えたりして、**主節の主語と動詞があまり離れないようにしたほうが、読みやすく伝わりやすい文になります。**

▎関係代名詞who の目的格whom と所有格whose

関係詞節の中で人を表す関係代名詞のうち、「主語」のような役割で使う場合（主格）はwho を使いますが、**目的格の場合にはwhom、所有格の場合（先行詞となる名詞が所有するものを表す）にはwhose** を使います。

・ That manager was the boss <u>whom</u> I worked for at my former workplace.
（あのマネジャーは、前職で私の上司でした）

　元の文：That manager was <u>the boss</u>. I worked for <u>him</u> at my former workplace.

・ I saw <u>the man whose</u> tie was green last night at the party given by XYZ Company.
（緑色のネクタイのあの男性を、昨晩XYZ社のパーティーで見かけました）

　元の文：I saw <u>the man</u> last night at the party given by XYZ Company. <u>His</u> tie was green.

なお、先行詞が物の場合、「主語」や「目的語」になるものをwhich やthat で書くという説明をしましたが、**所有格の場合はwho の場合と同じwhose** です。

・ Give me <u>the book whose</u> cover is torn.
（表紙が破れている本を渡してください）

制限用法と非制限用法

　関係代名詞といえば、「制限用法」「非制限用法」という言葉を聞いたことがあるでしょう。ここで簡単におさらいしておきましょう。

制限用法

　先行詞と関係詞の間に、カンマ（ , ）がある時とない時があり、カンマの有無で、文の意味が変わってくることがあります。

　カンマのないほうを「制限用法」といいます。下記の例をご覧ください。意味は「私たちは、京都に最も早く到着する特急列車に乗った」です。

・ We took the express train which arrived earliest at Kyoto Station.

　　　　　　　　　　which以降の条件がthe express trainの範囲を制限

　もしwhichの前で文が終わっていればWe took an express train.、つまり「不特定の、ある特急列車に乗った」という意味になりますが、**which以降の条件が書かれている**ことによって、その時に乗れたあらゆる特急列車の中から**「京都に最も早く到着する列車」に絞り込まれた、つまり「制限」された**、ということになります。

非制限用法

　whichの前に**カンマをつけるほうは「非制限用法」**といいます。次の例文を見てみましょう。

・ We took the express train , which arrived at 10:00 am at Kyoto Station.

　, （カンマ）＋which以降はthe express trainの補足説明

　これは、whichの前で明確に文が区切られており、**which以降は、その直前の先行詞the express trainの「補足説明」**であり、絞り込むための条件ではありません。意味は「私たちは特急列車に乗ったが、それは京都に午前10時に到着した」。たまたま選んだ列車が午前10時に着いた、というニュアンスです。

先行詞が１つしか存在しない場合→非制限用法しかありえない

前記の例よりも、カンマの有無でさらに明確に意味が違ってくる表現に出くわすことがあります。例えば、次の文をご覧ください。

・He started a new business in Kyoto, where he had spent his university days.
（彼は、自身が大学時代を過ごした京都で新事業を始めた）

上記の和訳はわざと「制限用法」っぽく書いてみましたが、**文の本質的な意味としては非制限用法が適しており、whereの前にカンマが必要です。**なぜなら、制限用法にしてしまうと、「京都というのがいくつもあって、その中でも、彼が大学時代を過ごした京都のこと」を言っていることになってしまいます。しかし、**実際には京都は１つしかありませんから、そもそも制限用法では書けない**のです。

日本語の「自身が大学時代を過ごした京都」も、制限しているわけではなく、「自身が大学時代を過ごした（町である）京都」のことで、つまり「京都」についての追加情報を伝えているにすぎません。

実はネイティブは厳密ではないが、日本人はきちんと区別すべし

このように、**制限用法と非制限用法が表す意味の違いをしっかり把握し、くれぐれも、伝えたい内容と違う意味にならないように注意**しましょう。違う意味で伝わっても、日常ではあまり困らないでしょう。しかし、皆さんが取引先との契約書をまとめたり、メール等の文章を書いたりする時に、意図しない文章を書いてしまうと、後にトラブルになった際に思いもよらない不利な状況になる可能性があります。書き言葉は残りますので特に注意しましょう。

なお、**ネイティブが書いた英文においては、カンマ有無の区別のルールは、必ずしも厳密に守られているとは言えない**状況です。特にカジュアルな文章の場合は、口語の延長のように書いていることが多く、その文にたとえカンマが無くても、本来なら「カンマをつける」べき意味の場合があります。

ネイティブは会話ではもちろん（そもそも話し言葉ではカンマの有無はわかりません）、チャットや気軽なキャッチコピー、語りかけるようなメール、ちょっとした社内文書といった、公式度のあまり高くない書き言葉においては、文法を必ずしも厳密に用いてはいません。日本語でもそうですが、むしろ一般的なネイティブのほうが文法を正確には知らないことも多いのです。また、言語は生き物で常に変化を続けており、現代ではどんな言語においても、カジュアルでゆるい方向へ

の変化が見られます。

　「それなら私たちも、このカンマ有無のルールは無視してもよいのでは」と思われるかもしれませんが、それは推奨しません。ノンネイティブが書く文章には、意図しない文法のエラーや語彙の選択ミスが往々にして含まれています。その上に、知っている文法まで無視してしまえば、間違いが満載の文になり、意図的に外したものとミスとの区別はもはやつかないでしょう。正しいとされる文法を知っているなら、それを無視せずにきちんと丁寧な文章を書くべきです。

▌直前の内容をまるごと受け止める使い勝手の良いwhich

　やや変わった用法ですが、関係代名詞whichの使い勝手の良い用法をご紹介します。このwhichは、**その直前の内容をまるごと指すことができる**という、いわば最強のwhichです。日本語では、何か詳細を語った後に、結論や補足説明、背景事情を言うことが多いですが、今回ご紹介するwhichはそのスタイルに非常に近い語順で書ける用法なので、使いやすいと思います。例文を示します。

・ My father opened a small store here 30 years ago, which was one of the reasons we set up the new company here.

下線部全体を受け止める

（父が30年前にここに小さな店を開いたのですが、それが、我々がここで新会社を立ち上げた理由の一つです）

　この例では、whichが指すのは下線部全体です。whichは、このように、その直前をまるごと指すことができます。例えば、延々と背景や理由を語ってから、カンマを書いてその後に which is why we decided ...（だから…と決めたんだ）と書くことができますし、延々と要因を語ってから、which affected our decision making（それが我々の意思決定に影響した）などと言うこともできます。**何かを延々と語ってから、その話をまるごとwhichで受け止めることができる**ので、そうした順序で説明しがちな日本語での説明をそのまま英訳しなければならない時、非常に使い勝手が良いでしょう。

▌先行詞も含む関係代名詞what

　イレギュラーな関係代名詞をもう1つ紹介しましょう。whatです。whatが他の関係代名詞whichやwhoと違う点は、whatには、先行詞的な意味が含まれてい

るので、先行詞を置かないという点です。**先行詞をつけると誤り**になります。

what = the thing(s) which

「それなら、the things whichと書いてしまえばいいのでは」「なぜわざわざwhatを覚えて使う必要があるのか」と疑問に思われるかもしれません。まず、**長く書かなくて済むので、手短かな文**になります。また、先行詞を書かなくてよいので、**先行詞をはっきり書けない／書きたくない／省略したい**という場面で便利です。

· The founders started to explain what they had achieved and what they were aiming for.
（創業者たちは、これまで達成したこと、そして今目指していることを説明し始めた）

▍関係副詞 where と when：時や場所などが先行詞になる

ここまでは、関係代名詞について説明してきました。ここからは関係副詞についてです。まず where を説明します。

関係副詞 where

· I visited the London office, where a lot of salespeople were working.

= in the London office（先行詞は副詞句）

（私はロンドンの事務所を訪ねたが、そこでは大勢の営業担当者が働いていた）

この例では、非制限用法で書いています。後半（関係詞節）における**関係副詞whereは、副詞句 in the London office**と読み替えることができますね。

なお、上記のthe London officeが、関係詞節の中で「主語」や「目的語」、つまり**名詞として使われる場合は関係副詞whereではなく関係代名詞which**になります。例えば、下記の例です。

· I visited the London office, which manages sales activities in Europe.

= the London office（先行詞は名詞句）

（私はロンドンの事務所を訪ねたが、そこは欧州の営業活動を管理している）

この例からわかる通り、先行詞が場所の場合に、**関係代名詞whichと関係副詞**

whereのどちらを使うべきかは、後半の関係詞節の中でその「先行詞」がどういう役割なのかによって決まります。

　このように、場所だから常にwhereとはならないのです。関係詞節において、名詞（句）として使われているのか副詞（句）として使われているのか、その位置付けがwhichかwhereかの判断に役立ちます。whenの場合も同様です。

関係副詞　when

〈関係副詞whenで受ける場合〉

She debuted as a model in the 1980s, when fashion was bold and glamorous.
（彼女は1980年代にモデルデビューしたが、当時ファッションは大胆で華やかだった）

〈関係代名詞whichで受ける場合〉

She died on March 15, which was also her birthday.
（彼女が亡くなったのは3月15日だったが、その日は彼女の誕生日でもあった）

場所以外を先行詞にする関係副詞 where

　関係副詞whereは、オフィスやロンドンといった具体的な場所だけを指すとは限りません。in whichやat whichなどを1語にしたものであるため、「状況」や「場合」、「場面」など、広い意味の「場」をも先行詞にすることができます。そうしたwhereの例を挙げます。

・ The company is in a financially difficult situation, where it might not be allowed to purchase the machine.
（その会社は財務的に困難な状況にあり、そんな状況では彼らはその機械を買うことを許されないかもしれない。）

　このように、whereは、前を受けて「そこでは」という時に自然に出てくる単語で、頻繁に使われます。この用法は、同様の展開で語る日本語の文章を念頭に置いて英文を書く際に、便利に使えるでしょう。

上記以外の関係副詞 why、how

　関係副詞には、whereとwhen以外に、whyとhowがあります。**理由を言う場合はwhy、やり方のことを述べる場合はhow** を使います。

・ The manager knows the reason why the client chose a competitor's product.

（そのマネジャーは、その顧客がなぜ競合の商品を選んだか、理由を知っている）

· He asked the founder how the company grew from a small startup.
（その会社が小さなスタートアップからどうやって成長したか、彼は創業者に質問した）

　whyについては、上の例のように、先行詞（the reason）と関係副詞（why）を併記することも、そのうち一方だけ書く（先行詞を省略したり関係副詞を省略したりする）ことも、両方ありえます。

　ただし、howの場合は、上の2つ目の例のように一方だけを書きます。**先行詞the wayと関係副詞howを併記することはありません。**注意しましょう。

○　He asked the founder <u>how</u> the company grew from a small startup.

○　He asked the founder <u>the way</u> the company grew from a small startup.

×　He asked the founder <u>the way how</u> the company grew from a small startup.

　ここまでの説明を参照しながら、下記の例題をやってみましょう。

✳ 関係詞を使った英文を書こう

例題8：下記の日本語に相当する英語を、関係代名詞または関係副詞を使って書いてみよう。関係代名詞／関係副詞を使わなくても書ける場合もあるが、その場合も、関係代名詞または関係副詞を使うバージョンを書いてみよう。

a　ここは、弊社が最初に建てた工場です。

b　現在の取締役の多くは、この工場で創業者とともに働いていた人々です。

c　さきほど示した数値が、今月の売上予測です。

d　今日会議をした会社は、同僚の鈴木さんが以前勤めていたところです。

e　来月ABC社の社長に就任する田中さんは、私の前職の顧客の一人でした。

f　約10年前、弊社はひどい状況にあり、顧客を競合に取られ、優秀な社員が大勢辞めていきました。

g　今日発表した新製品は、私が入社した時に我々が開発を始めた製品だ。

a. ＿＿＿＿＿＿＿＿＿＿＿＿＿＿＿＿＿＿＿＿＿＿＿＿＿＿＿＿＿

＿＿＿＿＿＿＿＿＿＿＿＿＿＿＿＿＿＿＿＿＿＿＿＿＿＿＿＿＿＿

---

b. _____

_____

c. _____

_____

d. _____

_____

e. _____

_____

f. _____

_____

g. _____

_____

解答例

a. This is the first factory that our company built.

b. Many of the current board members are people who used to work with the founder in this factory.

c. The figures which/that we presented just now are the estimated sales for this month.

d. The company which/that we had a meeting with was the one which/that our colleague Mr./Ms. Suzuki used to work for. またはthe one 以降を the one where our colleague Mr./Ms. Suzuki used to work.

e. Mr./Ms. Tanaka, who will become the president of ABC Company next month, was one of my clients at my former workplace.

f. About 10 years ago, our company was in a terrible situation, where it lost customers to competitors and a lot of talented employees resigned.

g. The new product which/that we launched today is the one which/that we started developing when I joined the company.

書き方のルールを間違えると、文書の
価値が低く見えちゃうので気をつけて

　このセクションでは、英語の表記面のルールについて説明します。表記のルール
は、学校英語ではあまり教わりません。そのため、一見、取るに足りない要素だと
思うかもしれませんが、違います。表記のルールを**間違えてしまうと、書き手の知
的レベルを下に見せてしまう**効果があります。「そんなレベルの教育も受けてない
のか」と。

　日本語の場合に置き換えてみれば、わかりやすいでしょう。例えば、届いた日本
語メールの「てにをは」や句読点が間違いだらけだったら、読み手のあなたは、ど
う感じますか？　よほど内容が素晴らしい場合を除けば、「書き手は、小学校レベ
ルの教育も受けていないのではないか」と疑ってしまう可能性があります。

　同じことが、英語でも起こります。後半に素晴らしい提案が書かれていても、基
本的な表記が間違いだらけだったら、冒頭の辺りで、先を読む気にもならなくな
るでしょう。「てにをは」レベルの基本的事項を知らない知的レベルの人が、素晴
らしい提案を書いてくるとは思えないからです。

　単に「知らなかった」せいで皆さんにこのような悲劇が起こらないよう、基本的
なルールを頭に入れておきましょう。

1　スペース

スペース、間違った場所に入れていませんか

　日本語の文には、間にスペース（空白）がありません。単語と単語をつなぐ「て
にをは」があり、それを目安に単語を区切ることができるからです。

　しかし、英語には、前置詞を除けば、そうした言葉がありません。例えば、主語と
動詞の間に前置詞は入らないため、その間を区切るにはスペースを空けるしかあり
ません。**英語におけるスペースは、いわば「区切る」機能を持つ文字であり、非常**

に**重要なファクター**です。そのため、スペースの使い方を間違うと目立つのです。

　また、日本の学校教育における英語の試験は「手書き」のことが多いので、スペースの入れ方が間違っていても採点者がその誤りに気づきにくく、減点もされないため、間違ったまま覚えているケースが結構あります。一方で、欧米の学校では、昔からタイプライターやキーボードがあり、きちんとルールが教えられています。

　下記に、スペース関連のルールの具体的な例を挙げます。

スペースは、ピリオド等の文末記号の前には入れず、後に１つ入れる

　文の末尾には、ピリオド（.）やクエスチョンマーク（?）、エクスクラメーションマーク（!）を置きますが、この前後のスペースの入れ方を間違って覚えている方を時々見かけます。

　ピリオド等の**文末記号の前にはスペースを入れず**、次の文の前は**スペースを１つ入れる**ことが多いです。次の文の前に２つ入れるのも誤りではありませんが、やや古めかしい印象になることがあるようです。

○　I met the mayor at the party last night. I am thinking of contacting her.
　　（文末は続けてすぐにピリオドを入れ、次の文の前にスペースを１つ入れる）

×　I met the mayor at the party last night . I am thinking of contacting her.
　　（文末のピリオドの前にスペースを入れるのは誤り）

△　I met the mayor at the party last night.　I am thinking of contacting her.
　　（文と文との間の区切りは、２つでは、昔風の印象になる）

　上記の例は、ピリオドで書いていますが、「?」や「!」の時も同様です。

コロンやセミコロン、カンマの前には入れず、後に１つ入れる

　コロン（:）やセミコロン（;）、カンマ（,）は、いずれも文中で使う区切り文字です。これらは、その**前にはスペースを入れず**、その**後にスペースを１つだけ**入れます。

○　I met the mayor at the party last night, and I am thinking of contacting her.
　　（カンマの前はスペース無し、その後にはスペースを１つだけ入れる）

×　I met the mayor at the party last night , and I am thinking of contacting her.
　　（カンマの前にスペースを入れるのは誤り）

×　I met the mayor at the party last night,　and I am thinking of contacting her.
　　（カンマの後にスペースを２つ入れるのは誤り）

（訳：私は昨夜パーティーで市長と会った。彼女と連絡を取ろうと思っている）

（　）はその外側にスペースを1つ入れ、内側には入れない

　（　）を使う場合、その外側は、隣接する単語との区切りのためにスペースを1つ入れ、内側の単語との間には入れません。

○　I visited ABC Property Development ("ABC") yesterday.
　　（カッコの外側にスペース1つずつ、内側は単語との間にスペース無し）

×　I visited ABC Property Development("ABC")yesterday.
　　（カッコの外側にスペース入れないのは誤り、内側はすぐに単語を入れる）

　　（訳：私はABC不動産開発社（「ABC」）を昨日訪問しました。）

　ただし、カッコの直後にピリオドやカンマがある場合は、ピリオドやカンマの前にスペースは入れません。

○　I visited ABC Property Development ("ABC").
　　（カッコの外側にスペースを入れるが、ピリオドの前はスペースなし）

×　I visited ABC Property Development ("ABC") .
　　（カッコとピリオドの間にスペースを入れるのは誤り）

2　段落のインデントと改行幅

段落の先頭は、「5文字以上下げる」のがおすすめ

　段落の先頭の字下げ（インデント）をするかどうかは、まったくもって好みの問題で、どちらでも構いませんが、「まったく下げない」か「5文字以上下げる」かのどちらかがおすすめです。下記のようなイメージです。

【字下げしない】

According to my analysis of our work, we can utilize machine translation in some parts of our operation.
The biggest reason for using machine translation is efficiency, one of the benefits of machine translation. We use English for various types of work, such as replying to English inquiry emails and doing online research for potential partners, including foreign companies. Some colleagues have difficulties handling ... （以下略）

【5文字下げる】

　　　　　According to my analysis of our work, we can utilize machine translation in some parts of our operation.
　　　　The biggest reason for using machine translation is efficiency, one of the benefits of machine translation. We use English for various types of work, such as replying to English inquiry emails and doing online research for potential partners, including foreign companies. Some colleagues have difficulties handling …

　先頭の字下げをする場合、日本語では全角スペース1文字分下げますが、それは1文字で十分目立つからです。英語では、フォントによって幅が違ったりすることもあり、半角1〜2文字分を空けたくらいではまったく目立ちません。**5文字かそれ以上大幅に下げると、ちょうどよく目立つ**でしょう。

　なお、**先頭の字下げをしない場合**は、たまたま段落の末尾が行の右端に来た時に、そこが段落の末尾かどうか、見分けづらくなります。下記の例をご覧ください。

According to my analysis of our work in the Tokyo office, I would say that we can utilize machine translation to some extent in some parts of the operation there. The biggest reason for using machine translation is efficiency, one of the benefits of machine translation. We use English for various types of work, such as replying to English inquiry emails and doing online research for potential partners, including foreign companies. Some colleagues have difficulties handling …

> ここで段落終わり：
> 段落の末尾かどうかわかり
> づらいので、工夫が必要

　段落の区切りを明確にするために文を書き換えるのは本末転倒でしょう。この問題を回避するには、これがそもそも起こらないような設定を事前にしておくべきでしょう。少なくとも2つの方法があります。
① **全体的に段落始めの字下げをする形に方針変更する**
② **改行後には通常の行間に加えて0.5行程度を空ける**

　②は、会社勤めの人は、日本語の文書作りでときどき実行しているかもしれませんが、段落後の行間設定がしてあると読みやすくなりますし、字下げをしていない場合にたまたま段落末尾がページ右端に来た場合も、どこが段落の区切りなのかが明確になります。次のどちらが読みやすいでしょうか？

【通常の改行の場合】

According to my analysis of our work in the Tokyo office, I would say that we can utilize machine translation to some extent in some parts of the operation there.
The biggest reason for using machine translation is efficiency, one of the benefits of machine translation. We use English for various types of work, such as replying to English inquiry emails and doing online research for potential partners, including foreign companies. Some colleagues have difficulties handling ...

【改行後に0.5行空けた場合】

According to my analysis of our work in the Tokyo office, I would say that we can utilize machine translation to some extent in some parts of the operation there.

The biggest reason for using machine translation is efficiency, one of the benefits of machine translation. We use English for various types of work, such as replying to English inquiry emails and doing online research for potential partners, including foreign companies. Some colleagues have difficulties handling ...

　Microsoft Wordの場合、下記の［行と段落の間隔］ボタン→［行間のオプション...］から**行間設定**ができます。このボタンは、通常、［ホーム］タブの中にあります。ボタンの名称は、ボタンの上にマウスカーソルを重ねて（＝クリックしないで）しばらくそのままにすると表示されます。或いは、メニューバーの［フォーマット］−［段落］からも同じ設定画面が開きます。

 ［行と段落の間隔］ボタン

　次ページの設定画面の「段落後」の項目を0.5行にすれば上記の例のように、段落間（改行後）に0.5行分のスペースを空けることができます。空けたいその場所（上記の例なら、2行目末尾のthereの後）をクリックしてから、この設定画面を開けてみましょう。

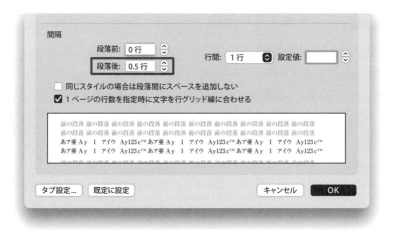

　設定を変更して「OK」を押せば反映されます（他の項目については、上記画面の設定は無視してください）。かなり古いバージョンのWordでも、これに近い機能が必ずあるはずなので、探してみてください。

　なお、**上記の設定は、その設定を行う時点で「選択している部分」に対して行われる**ということに注意しましょう。特段の範囲選択をせずにこの設定画面を開いた場合は、いま文書中でたまたまカーソルを置いていたその場所に対して変更が行われ、その特定の段落だけ、ここで変更した設定になります。

　また、文書の提出先から、上記のような改行幅の設定変更が認められない、あるいは歓迎されない場合があります。その場合は、提出先の希望を確認した上で、段落5文字下げるなど、別の方法を選びましょう。

　ちなみに**この設定で進めると、とたんに「プロがレイアウトした」雰囲気**が少し出てきて、中身はまったく変えていないのに、文書全体が少しグレードアップした印象になるので、日本語の文書を作成する際にもおすすめです。

3　大文字始まりの単語

実は奥が深い「大文字始まり」

　文頭の単語は大文字で始まり、その後の文中の単語はすべて小文字です。文中での**例外は、I（＝私）や固有名詞など、「常に大文字から始めることになっている単語」**です。このルールは、本書の読者なら全員が知っている、中学生レベルの文法でしょう。

　しかし私は、この基本的なルールに反した答案をクラスで頻繁に見かけました。おかしいですね。日本で中学高校と少なくとも6年以上の英語教育を受け、アメリカのビジネススクールに通おうという大人が、こんな基本的な文法を知らないはずはありません。そこで、なぜこの間違いが起きたのか、考えてみました。

　結論から言えば、大抵の間違いのパターンは、**「文中だから大文字で始めてはいけない単語なのに、大文字で始まっている」**というものです。そしてそれが起こった理由として考えられるのは、下記の2つです。

間違いの原因①── 編集中のケアレスミス

　理由の1つ目は、非常にシンプルなケアレスミスです。例えば文の編集途中で、文頭にある部分と途中の部分を入れ替えた時に、元々文頭にあった大文字始まりの単語を小文字始まりに書き換えるのを忘れた、というものです。例えば下記をご覧ください。「私たちは工場に着いた時に、必要な部品を忘れたことに気づいた」という内容です。

　最初は、下記の文を書いていたとします。

<u>We arrived at the factory</u>, and we found that we had forgotten to bring the necessary parts.

　編集の途中で気が変わって、「前半（下線部）にwhenをつけて、後半に移動させよう」と思ったとします。下線部をコピーして、下記のように後ろにペーストし、whenを追加したり、andを削除したり、ピリオド／カンマを直したりするでしょう。

We found that we had forgotten to bring the necessary parts when <u>We arrived at the factory</u>.

　しかし、人は時折、後ろに移動させたWeを小文字のweに書き換えることを忘れてしまいます。「そんな下らないことをわざわざここで指摘しなくても」と思う

かもしれません。しかし、**この類のエラーは、何度も提出前に読み返されたはずの、単位がかかっている重要な課題でも、時折見かけます**。Wordのスペルチェック機能は、「大文字始まりの単語はすべて固有名詞」と解釈しているのか、この類の誤りは指摘してくれません。つまり、**自分でしっかり発見するしか、このエラーを避ける方法はありません**。時間がない中で急いで作った文書なら、**誰にでも起こりうるエラー**なのです。

間違いの原因② —— 大文字にすべき単語だと誤解している

もう1つの誤りのパターンは、やや面倒です。書いた本人が、**「大文字始まりにすべき単語」だと勘違いしている**場合です。

では、彼らは何を見て誤解したのでしょうか。おそらく、文書やウェブサイトなど、「その単語が大文字始まりで書かれている、ちゃんとした英文」を見たからだろうと思います。

つまり、本来は大文字始まりではない単語でも、その置かれている場所や使われ方によって、大文字始まりで書かれることがあります。これを知らないと、ふと見かけたネイティブ作成の文書の「大文字始まり」の表記から、「この単語は大文字始まりの単語なんだ」と勘違いしてしまいます。

ここで、「元来は大文字始まりではない単語が、大文字始まりで書かれている」典型的な例を紹介しましょう。

【例外的な大文字始まり① —— 記事見出しや表頭にある】

英語圏の記事や企業の年次報告書、行政機関の文書など、しっかり表記や内容が確認された後に公表された文書でも、固有名詞でない単語が大文字から始まる形で書かれている場所があります。それは、**記事／文章の見出しや、表の項目名**などです。例えば、企業の財務諸表なら、その項目名にRevenue（売上）やProfit（利益）などが大文字で始まる形で並んでいるでしょう。

そういう場所に並ぶ大文字始まりの単語は、

（1）本来は小文字で始まるのに見出し等にあるから大文字で始まっている単語

（2）固有名詞など、どこにあっても大文字始まりの単語

の2種類に分かれます。

特定の単語について、判断がつかないなら、辞書や辞書サイトで同じ単語を引いて小文字で始まっているか否か確認しましょう。また、オンラインでその単語を検索して、ネイティブが書いた大手メディアの記事の、見出しではなく本文を見てみましょう。そこでは同じ単語が小文字始まりで書かれていることに気づくかもしれません。こうして、その単語が「常に大文字で始まる単語」かどうか、確認できます。

【例外的な大文字始まり② ── 一般名詞を「固有名詞」的に使う】

もしかしたら、プロジェクト等の「1日目」のことをDay 1と言ったり、「A社」のことをCompany Aと書いたり、「加藤チーム」をTeam Katoと呼んだりするパターンを見聞きしたことがあるかもしれません。

dayもcompanyもteamも、元々は一般名詞ですから、通常の文中では小文字始まりです。**それを大文字から始まる形で使うことで、「特定の意味の、まるで固有名詞のように使っている」というサイン**になります。

この方法で、the first day of the projectと長く言わずにDay 1と短く書いたり言ったりできます。例えば、プロジェクトチーム内のコードネーム等も同様に、大文字始まりにすれば、**「特定の意味を表す、固有名詞的な言葉」**として使うことができます。

また、英語の契約書や規約などを読んだことがある方なら、特定の意味を持つ言葉が（通常なら小文字始まりなのに）大文字始まりで書かれている例を見たことがあるでしょう。例えば、ABC社との提携契約書の中で、大文字始まりの**ABC Group Companies**は「ABC社と資本関係にある企業」のことを表すと定義されている場合などがそれです。通常の表記で書くなら、ABC's group companiesでしょうが、**契約書等で定義された上で大文字始まりの表記で書かれると特定の意味になる**、というものです。こうした場合、契約書の冒頭近くにDefinitions（定義）といった名前のセクションがあって、大文字始まりの言葉がずらりと並び、そこにそれぞれの定義が書かれていることがあります。あるいは、初出時に定義とともに書かれていることもあるでしょう。ちなみに、日本語の契約書でも同様に、特定の言葉を定義を示した上で使うことが結構あります。

上記のように、**通常は小文字始まりで使う単語でも、特定の場所（記事や表頭）**

にある場合や、特定の意味で固有名詞的に使われている場合は、大文字始まりで使われます。偶然その例を目にしたからといって、通常の文中でも大文字始まりで使っていいという理由にはなりません。誤解しないよう注意しましょう。

　一般的には、常に大文字から始まる単語は、固有名詞（人名、都市名などの地名、会社名など）、略語（UNESCO、COVIDなど）、I（私）、曜日（Monday）など、ごく一部の単語です。それ以外の圧倒的多数の単語は小文字から始まりますので、そうではない例を目にしたとしても、注意して確認してから使いましょう。

こうした例をたまたま目にして、「大文字で始まる語だ」と誤解しないように注意！

●例外的大文字始まり（赤字が該当）		
① 記事見出しや表頭	・記事の見出し （例：President Vladimir Putin Waded Back Into U.S. Politics.） ・表の項目名（例：Revenue、Profit）	本来は小文字の単語（wade、back、revenueなど）も見出しや表頭に出てくると大文字になる
② 一般名詞を「固有名詞的」に使う	・日付（例：Day 1） ・組織やプロジェクト、チーム等の名称、コードネームなど （例：Company A、Team Kato） ・契約書等で定義される特定の呼称 （ABC Group Companies：ABC社と資本関係にある企業＝ABC's group companies）	小文字で始まる一般名詞を大文字で始めることで、「ここでは固有名詞として使う」というサインになる

4　カンマ

┃カンマ (,) は日本語の「、」の代わりではない

日本語では、文の間で区切る時に「、」を入れます。そこに、明確な文法的なルールはありません。しかし、英語のカンマ (,) の入れ方にはルールがあります。

カンマの役割はいくつかあります。例をお見せしつつ、ルールをご説明します。

3つ以上の何かを並べる時、間に入る (and/or)

何か同種類のものを2つ並べる時、その間はandやorでつなぎます。3つ以上並べる時は、最初はカンマでつなぎ、最後だけandやorでつなぎます。

【andで名詞句を列挙した例】

名詞句を並べた具体例として、社名を列挙したケースを示します。

・2社並べた場合：

We started to deal with ABC Corporation and XYZ Company.

（我が社はABC CorporationとXYZ Companyという2社と取引を始めた）

・3社並べた場合：

We started to deal with ABC Corporation, DEF Institute, and XYZ Company.

・4社並べた場合：

We started to deal with ABC Corporation, DEF Institute, HIJ Group, and XYZ Company.

このように、必ず**最後の1つの直前にand**が入り、**それ以前は間をカンマでつなぎます**。3つ以上並べる時にandの直前のカンマは好みの問題ですが、入れるほうが多い印象です。

【andで動詞を列挙した例】

同様のルールは、「動詞」など**他の品詞でも、同じ種類のものを列挙する場合**には適用されます。例えば、「昨日、私は、出社してから、新プロジェクトの準備を少しして、A社との打ち合わせに出かけた」場合は、I went to the office, did a little preparation for the new project, and went out for a meeting with Company A yesterday. です。

【orで列挙した例】

　なお、「または」の意味で複数のものを並べる時はandではなくorを使いますが、以下の通り、andの場合と同様に、3つ以上並べる時は、最後のものの直前にorを入れ、その前はカンマだけでつなぎます。

○　A, B, C, or D　（AまたはBまたはCまたはD）

×　A or B or C or D

○　I didn't have any appointments on the final day of my business trip, so I could either go to a trade show, join a meeting with Company A as an observer, or leave one day earlier.

　　（出張の最終日は予定が入っていなかったので、私は、展示会に行くことも、オブザーバーとしてA社との会議に出ることも、1日早く帰ることもできた）

「主語＋動詞＋α」の節の単位で区切る

　この使い方は、日本語で文章を区切る時と同じなので、多くの方が無意識のうちに自然にできているかもしれません。わかりやすい使い方です。「主語＋動詞＋α」のセット（節）ごとにカンマを入れていきます。

・ The product spent 10 years in research and development, and it was finally launched last month.

　　（研究開発に10年を費やし、昨年その製品はようやく発売された）

日本語でよく使う補足説明の（ ）は、英語ではカンマ2個に置き換え

　日本語では、何かと補足情報を書く時に（ ）を使います。（ ）は、日本語では非常に高い頻度で使われますが、英語ではそれほど高い頻度では見かけません。（ ）の代わりにカンマ2個で挟みます。

・ Mr. Sato, CEO, Company A, came to our office yesterday.

　　（昨日、佐藤氏（A社CEO）が来社された）

　なお、肩書きと会社名が並ぶ場合、肩書きと社名をofでつなぐことは少なく、カンマで区切って列挙することが多いです。部門名や役職名などが複数並ぶ際も、間をカンマでつなげて、延々と並べることになります。

　また、ニュース記事で、登場人物の所属や年齢を、日本語では名前の後に（ ）で書きますが、英語では名前の後にカンマで囲んで記載することが多いです。

・ John Smith, 34, ...

ジョン・スミス (34) は、…

　もちろん、英語でも（　）を使います。補足情報や略称（またはそのフル表記）などを（　）の中に入れている例をよく見かけます。この場合だけに使うといった、厳密なルールはなさそうです。ただし、**英語での（　）の使用頻度は日本語よりはるかに低い**ので、日本語を使う私たちは、日本語と同じ感覚で何でも（　）で書こうとせず、**カンマで書かれている例を見かけたらそれを真似して、カンマで書くパターンを自分の中に増やしていく**と、英語圏の人にとって自然に読める文が書けるようになるでしょう。

副詞（句）を文頭に出したら、区切りの意味でカンマ

　前ページでも例に出した「出張の最終日、私は予定が入っていなかった」ですが、日本語では文頭に置く「出張の最終日」のような、時間を表す副詞句は、英語では、通常は文末に置きます。

・I didn't have any appointments <u>on the final day of my business trip</u>.

　通常は文末に置くはずの**副詞句を敢えて文頭に置いた**場合、その副詞句の後には、「通常とは違う語順で書いている」ことを示すために、カンマで区切りを入れます。

・<u>On the final day of my business trip</u>, I didn't have any appointments.

　また、このように、**文頭に置くとその部分を強調することになります**。普段とは違う語順にしたためです。

　なお、短い副詞句の場合は、文頭に置いても読み間違いが起こりそうにないため、最近の英語では、このカンマを省略する事例をよく見かけます。ただし、きちんとした文書や英語の試験などの場合は、カンマを入れたほうがよいため、まずは「**違う場所に置いたら、区切りの意味でカンマを入れる**」と覚えておき、書き慣れてきたら、その都度判断するようにしましょう。

「接続副詞」の後につける

　文法用語ですが、**接続詞のように節と節をつなげるが、品詞としては「副詞」である単語／語句**を「接続副詞」と呼ぶことがあります。代表例はhoweverやfor exampleです。多くの場合、文頭に置き、一見「接続詞」に見えますが、実際のと

ころは副詞なので、後に区切りのカンマを入れます。

· Mary is young. However, she is very wise.
（メアリーは若い。しかしながら、非常に賢い）

よく使うものを列挙します。これらは、**カンマ付きで覚えてもよい**ほどです。

for example,	たとえば
besides,	その上
however,	しかしながら
otherwise,	さもないと
so,	それで／だから
still,	それでも
therefore,	そのため
then,	そして／その時

引用符 " " の末尾では、カンマやピリオドは内側に入れる

　日本語では、セリフや引用句を示す「 」の外に「。や「」、のように句読点を置きます。そのため、日本人が英語を書く場合、セリフや引用句を示す " " の外に、ついピリオドやカンマを置いてしまいがちですが、これはアメリカ英語では、誤りとされます。"…… ," という風に、" " の**内側にピリオドやカンマ**を書きます。

○　Japan's economic growth in the second quarter is expected to be "relatively low."

×　Japan's economic growth in the second quarter is expected to be "relatively low".

5　コロンとセミコロン

コロン（:）とセミコロン（;）で文が簡潔になる

　コロン（:）とセミコロン（;）は非常に機能的な記号で、うまく活用すれば、長々と書かずに同じ意味を端的に書くことができるようになります。

「ここから詳細や具体例が始まる」ことを示すコロン

　コロンが文中や小見出しの末尾にあったら、ここから説明や具体例が始まるというサインだと思ってください。例えば、文末に企業名を列挙する場合、次のよう

な形になります。

- Some of our group companies are listed on the stock market: ABC Bank, ABC Trading, ABC Real Estate, and ABC Investment.
  (弊社のグループ企業には株式市場に上場している企業がある。ABC銀行とABC貿易、ABC不動産、ABC投資である)

　このように、英語の文中や小見出しにコロンを使うだけで、「**その後に詳細や例が来る**」**ことをほのめかす**ことができるのです。

列挙する際の「カンマの代用」としてのセミコロン

　セミコロンの便利な用法は、何かを列挙する時のカンマ (,) の代用です。カンマでは力不足な場面があり、そこでセミコロンが登場します。

　例えば、通常の名詞句を列挙する時はカンマでOKですが、**並べる対象となる言葉の中にカンマがある場合**（例：カンマを含む正式な企業名）、それらをカンマで並べてしまうと、**どこが区切りかわからなくなります。その場合、セミコロンで区切り、混乱を避けます。**

- Some of our group companies are listed on the stock market: ABC Bank, Ltd.; ABC Trading, Inc.; ABC Real Estate, Inc.; and ABC Investment, Inc.
  (弊社グループ企業の中には、株式市場に上場している企業がある。ABC銀行、ABC貿易、ABC不動産、ABC投資である)

　肩書きを併記した人名を並べる場合なども、並べる対象の中にカンマがあるため、区切り記号はセミコロンになります。

- We met a lot of VIPs at the party tonight: Mr. Tanaka, CEO, ABC Trading; Ms. Sato, marketing director, ABC Interactive; and Mr. Suzuki, engineering director, ABC Research Institute.
  (今晩のパーティでは大勢のVIPに会った。ABC貿易のCEO田中さん、ABCインタラクティブのマーケティングディレクターの佐藤さん、ABC研究所のエンジニアリングディレクターの鈴木さんだ)

文と文をつなぐ役割（コロンとセミコロン）

　コロンやセミコロンは、文と文をつなげる役割も果たせます。コロンやセミコロンで区切ってそのまま続けて書くと、**ピリオドほどしっかり区切らず、半分つながったような雰囲気で、理由や説明などを加える**ことができます。コロンは「すなわち」「つまり」といった前の文の内容を補完する意味合い、セミコロンは「そして」といっ

た接続詞的役割を果たすことが多いようです。

· We chose Company B as a partner in the country: they had a sales network nationwide.

(その国ではB社をパートナーに選んだ。全国規模の販売網を持っていたからだ。)

· We stayed in the United States for a month; we were involved in product development at the head office there.

(我々は米国に1ヶ月滞在した。そして米国本社の製品開発に参加した。)

　実際のところ、コロンやセミコロンは、文と文の関連性をゆるく保った形で書く際にはとても便利ですが、**ビジネスの場面での積極的な利用は推奨しません。**ノンネイティブの書き手による英文は、ただでさえ意図がぼやけがちです。接続詞を使わずにコロンやセミコロンでつなげば、2文の間の関係性を明確には伝えられません。「〜だから」なのか、「そして」なのか、「だけど」なのか、接続詞を使えば、書き手の意図を明確に伝えられます。

　コロンやセミコロンは、よほど書き慣れていない限り、「詳細や具体例が始まることを示す」や「カンマの代用」といった明確な機能として使う程度に留めておき、文と文をつなぐ用途ではあまり使わないほうが、意図せぬ誤解を招かずに済むでしょう。逆に、**意図を明確にしたくない場合は、便利に使える**でしょう。

6　ハイフン、ダッシュ、アポストロフィ

ハイフン (-) とダッシュ (—) で文をわかりやすくする

　ハイフン (-) とダッシュ (—) も、コロンやセミコロンと同様、機能的な記号ですから、用法を把握すれば、手短にわかりやすい文章を書くことができます。なお、**ダッシュは、日本語の文章で使う全角記号と混同しないよう、注意**しましょう。

複合語を作るハイフン

　ハイフンを使うと、**複数の単語をつなげて1つの長い単語**（複合語）を作ることができ、それをうまく使えば、手短にわかりやすい表現を作ることができます。

· a company that is 100 years old　　　　　（関係代名詞で接続）

a 100-year-old company　　　　　（複合語）

(100年の歴史を持つ企業)

· the technology that was born in Japan　　（関係代名詞で接続）

the Japanese-born technology　　　　（複合語）

（日本生まれの技術）

　上記は、ハイフンで単語をつなげて**複合形容詞**になった例ですが、**複合名詞**を作ることもあります。受験英語でも、義母（**mother-in-law**）や通行人（**passer-by**）などは記憶にあるでしょう。

　また、**接頭辞**（anti-、post-、ex-など）**と直後の単語をつなぐ**時に使われたり（例　**anti-war** 反戦、**post-modern** ポストモダン、**ex-president** 前社長）、**接尾辞**（-based、-freeなど）**と直前の単語をつなぐ**時に使われたりします（例　**London-based** ロンドンに拠点を置く、**carbon-free** 二酸化炭素排出ゼロの）。

　普段からよく使われている複合語の例に注意して、必要な時に応用できるようにしておくと、表現の幅が広がるでしょう。

2種類のダッシュ：emダッシューとenダッシュー

　英文のダッシュは、厳密に言えば、長いダッシュ（emダッシュまたは**エムダッシュ**；—）とやや短いもの（enダッシュまたは**エンダッシュ**；–）の2種類があります。

　日本語でも、ダッシュは、文を中断したりする時に使われますが、英文では、長いほうの**em**ダッシュ（—）はまさにその用途で使われます。**文をいったん中断し、その後に、直前の内容を言い換えたり、補足説明したりする**内容を書きます。ただし、ダッシュで文をつなぐと「文学的」な印象になることが多く、実務的な場面には必ずしもそぐわないことがありますので、多用しないように注意しましょう。

　短いほうの**en**ダッシュ（–）は、**期間や距離**など、**数字の幅を表現**する時に使われます（例　9:00–10:30、5–7 years、10–20 kmなど）。ただし、この用法は、最近はハイフンで代用されることも多いため、きちんとした公式の印刷物や権威のある先に出す論文など、フォントの細かい区別を意識しなければならない場面を除けば、一般の利用者はあまり意識せずにハイフンで代用しても問題にはなりません。

　なお、ハイフンはキーボードにあるため、「-」（かなキー配置では「ほ」のキー）のキーを押せば入力できますが、2種類のダッシュの入力方法については、次の表をご覧ください。いずれも、半角入力モードでお試しください。

	enダッシュ(-)： 数字の幅を表現	emダッシュ(—)： 文を中断し言い換えや補足
Windows	Altキーを押しながら、数字の 「0150」を押して、Altキーを離す	Altキーを押しながら、数字の 「0151」を押して、Altキーを離す
MS Word (Windows)	・[Ctrl]＋テンキーの[-] ・2013と入力した後に[Alt]＋[x] 　のいずれか	・[Ctrl]＋[Alt]＋テンキーの[-] ・2014と入力した後[Alt]＋[x] 　のいずれか
Mac	「option」＋「-(ハイフン)」を同時に 押下	「Shift」＋「option」＋「-(ハイフン)」 を同時に押下

■ 所有格を作る

'ｓ（アポストロフィ ｓ）で、所有格を作るのは皆さんご存じです。しかし、どんなものでも'ｓをつけられるわけではないことについては、いかがでしょうか。

'ｓ をつけられる　　人、それに近い何らかの意思を持って動くもの、組織、また、todayやtomorrow

（例）　ペットなどの動物、法人として動く企業、国など

'ｓ をつけられない　無機物

（例）　ビル、机、工場など

'ｓをつけられないものは、ofでつなぐことで、'ｓと同じ意味を持たせることができます（例　the roof of the factory 工場の屋根）。

なお、「'」の文字は、**半角モードでキーボードの数字「7」のキーを Shiftキーとともに押下**することで入力します。これは、同じく半角モードでShiftキーとともに＠キーを押すことで入力される「`」とは違う文字なので、ご注意ください。

数字をどう表現するか

　ビジネスの文書においては、数字や金額、その増減などを表す場面がよくあります。このセクションでは、その書き方を説明します。

文中の数字はスペルアウト？ アラビア数字？

　私が社会人になったばかりの頃に、取引先宛ての英文メールで最初に迷ったのが、数字をアラビア数字で書くべきか（例：300）、スペルアウトすべきか（例：three hundred）、でした。

　最初に断っておくと、この件については、人によって、また会社や学会によって、「当然」とされているルールが異なり、**「唯一の正解」はありません**。そのため、例えばどこかへ提出する文書の場合、最も確実な方法を取るなら、その提出先の「お作法」を個別に確認する（例：既存の文書などを見てみる、発行されているルールの文書を確認する、担当者に問い合わせる）しかありません。

　ただし、およそ一般的に言われているルールがありますので、ご紹介しましょう。

・文中では、**9か10以下の数字はスペルアウト**（例：**nine** companies、9社）。
・文中では、**20以下でもスペルアウトすることがある**（例：**twenty** divisions、20の部門）。
・文中では、**21以上は、アラビア数字で書くことが多い**（例：**3,800** employees、3,800人の従業員）。

　なお、「文中では100まではスペルアウトする」という社内ルールを持つ企業や団体もありますので、**ご自身の組織や提出先のルールを確認**しましょう。

　そうした組織内ルールがない場合は、「いくつの数字までならスペルアウトするか」の個人的なルールを作っておき、特段の指定がない場合はそれに従って書くようにしましょう。そうすれば、一貫したスタイルで書くことができます。

分数

　分数は、**分子を通常の数で、分母を序数で**（例：a third、1/3）書きます。分子が2以上になると、両者をハイフンでつなぎ、分母の方を複数形にします（以下参照）。また、1/2や1/4など、数字を使わない呼び方があるものもあります。

例　1/3　a third
　　2/3　two-thirds
　　1/2　a half
　　1/4　a quarter
　　3/4　three-quarters

小数点付きの数字

10以下であっても、小数点付きの数字は、**スペルアウトせず**、アラビア数字でそのまま書きます（例：**3.59**）。

大きな数字は3桁ごとに区切る

日本語では4桁ごとに単位を区切って「万」「億」「兆」と数えますが、英語では、hundredの後は、**3桁ごと**に単位を区切ってthousand（千）、million（100万）、billion（10億）、trillion（兆）と続きます。これらをある種の「単位」として使って、大きな数字を表現します。

例えば、1億をこの3桁区切りで表現するなら、100 millionまたは a hundred million（100個分の100万）となります。1億は、100×100万ですが、だからといってa million hundred（100万個分の100）とは表しません。あくまでも、**「より大きいほうの3桁区切りの単位」**をベースに、それがいくつあるのか、という考え方で書いていきます。

端数は、その後につけていきます。例えば、**100,020,570**は、a hundred million twenty thousand five hundred sevenです。ただし、契約書などで数字を明確にするためにわざとスペルアウトする場合などを除けば、これほど大きな数字をスペルアウトすることは滅多にありません。

なお、日本語でよく使う「万（ten thousand）」や「億（a hundred million）」はすぐに出てくるよう、覚えておきましょう。

また、**大きな数字は、アラビア数字と単位**（例：million）を組み合わせて表記することがよくあります。例えば、3,200億（**320 billion**）、7.2兆（**7.2 trillion**）です。特に、金額や量など、単位を伴う場合は、必ずこのスタイルです。

また、**大きな数字の単語を複数形**にすると、「数百」「数千」「数百万」といった表現になります（例：hundreds、thousands、millions）。ofと組み合わせてよ

く使われます。

- There were hundreds of people in the room.
  （その部屋には数百人いた）

金額と通貨

　ビジネスの文脈では、通貨名称を含めた金額に言及することも多いでしょう。円 (yen)は単数複数同形ですが、**ドル (dollar) やユーロ (euro) は複数の場合にs がつきます。**

　yenやdollarなどの**通貨をスペルアウトする場合は、数字の後に通貨を書きます**（例：3 million dollars）。逆に、**＄などの通貨記号をつける場合は、数字の前に記号をつけることが多いです**（例：$3.5 million）。

その他の単位や記号を伴う数字

　例えば、100 kmや3 pmといった、単位や記号を伴う数字は、10以下でもスペルアウトせず、**必ずアラビア数字**で書きます。

人の年齢の記載

　人名の後に、**カンマで挟んで年齢を書く場合も、アラビア数字**です。

- John Smith, 58, was arrested for tax evasion.
  （ジョン・スミス (58) は脱税で逮捕された）

差分を表す by

　ビジネス文書では、金額や数量が「いくつ」「どの程度 (%や倍数)」増えた・減ったという**差分の数量や金額**を書くことがあります。この差分や比率を書くのによく使うのが**by**です。

- Sales increased by 300 million compared with last year.
  （売上が、昨年より3億円増えた）
- Sales increased by 20 percent compared with last year.　または
  We saw a 20 percent increase in the sales compared with last year.
  （売上が、昨年より20%増えた）

「以上」「以下」「超過」「未満」をどう表すか

　日本語には、ある基準値と比較してその大小をいう時、「…以上（…かそれより大きい）」「…以下（…かそれより小さい）」という、**比較対象の数値を含む表現**もあれば、「…を超える（…より大きい）」「…未満（…より小さい）」という、**その数値を含まない表現**もあります。日本人はこの4つを使い分けますし、ビジネスの場面では、特定の数値を含むのか含まないのかが重要だったりします。英語では、これをどう表現したらよいでしょうか。

【以上、以下】

　結論から言えば、英語の比較級は「超過」か「未満」の意味なので、「以上」「以下」の意味にしたい場合は、何か言葉を追加する必要があります。ヒントを出すとすれば、前の段落の（ ）の部分が参考になります。

・The target we need to achieve this year is 300 million dollars <u>or more</u>.
（今年達成すべき収益は、3億ドル<u>以上</u>だ）

　英語のmore than 300 million dollarsは、3億ドルを含みません。そのため、「以上」の意味を出そうとすると、上記のように「3億ドルかそれより大きい」という英語にする必要があるのです。まどろっこしいと感じるかもしれませんがこれしか表現方法がありません。逆の「以下」の時も、同じ考え方で「3億ドル<u>以下</u>」は300 million dollars <u>or less</u>となります。

【超過、未満】

　比較対象の数値を含まない、「…より大きい」「…未満」といいたい場合は、英語の比較級をそのまま使うだけで表現できます。

・We need revenue of <u>more than</u> 300 million dollars this year.
（今年、私たち／我が社は、3億ドル<u>超</u>の収益が必要だ）

　ここでmoreを使っているのは、扱っている数字が「金額」だからです。比較対象の種類によって、それが長さならlonger、面積やサイズならlargerやbigger、年齢や年数ならolderやlongerなど、形容詞を使い分ける必要があります。なお「3億ドル<u>未満</u>」はless than 300 millionとなります。

【カジュアルな＋】

　なお、短い表現が歓迎されるビジネスライクな文書や比較的フォーマル度が低い業界（例：ITなど）など、**フォーマルではない表現が許容される場面では、「以上」や「より大きい」を単に「＋」で表す**ことがあります。

· We need revenue of 300+ million dollars this year.
　（今年、私たち／我が社は、3億ドル以上／超の売上が必要だ）

　上記の通り、「＋」をつける場所は、アラビア数字の後です。「300+」という表記になりますので、「＋」の前はスペースを空けずに数字のすぐ後につけ、その後はスペースを空けます。

　なお、数字の後に「＋」をつける表記は、いつでもどこでも使えるわけではないため、皆さんの**積極的な利用を推奨するものではありません**が、例えば、相手からの連絡で使われていたらこちら側からも使って構わないでしょう。また、自分では使わなくても、相手がこう書いてきた時に、その意味がわかる必要はあります。使えそうな場面で少しずつ使ってみるのもよいでしょう。

時刻の表記：12時間表記に注意

　日本語では、24時間表記で記載することが多いですが、英語圏では、24時間表記よりも12時間表記の方を頻繁に見かける印象があります。

　また、英語圏での12時間表記は、12時間表記の数字に「am」「pm」をつける以外にも、一部、日本式との違いがあります。

　例えば、「12:30 pm」は、日本人なら、昼か夜か、迷うかもしれません。これは英語圏では、昼です。お昼の12:30、ちょうどランチタイムの頃です。

· **お昼の12時59分**　　日本語：**午後0:59**
　　　　　　　　　　　　英語圏：**12:59 pm**

　上記の通り、日本語でも英語でも、午前（am）と午後（pm）の区切りは同じです。正午を過ぎれば午後で、真夜中の12時を過ぎれば午前です。ただし、時間に使う数字（12時間制）が、**日本語では、0から11を使う**のに対し、**英語圏では0を使わず、1から12を使います**。そのため、日本語では、「午前」「午後」という12時間の枠に合う形で0:00から11:59までで表記するのに対し、英語圏では、amとpmの区分と、1:00～12:59の範囲が1時間ずれています。例えば、11:59 pmの3分後は12:02 amです（12:02 pmではありません）。

12時間表記

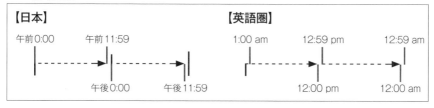

【日本】
午前0:00　午前11:59
午後0:00　午後11:59

【英語圏】
1:00 am　12:59 pm　12:59 am
12:00 pm　12:00 am

24時間表記

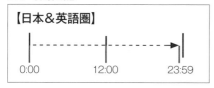

【日本&英語圏】
0:00　12:00　23:59

【絶対に誤解のない時刻の書き方】

　オンライン会議の開始時刻など、認識違いがあっては困る時刻について、異文化のメンバーを含めてコミュニケーションしている場合に、より確実に伝えるには、noonやmidnight、afternoonやmorningなど、**明らかに時間帯のわかる言葉を使って補うことも必要でしょう**。また、**時差**のあるメンバー間の連絡なら、JST（日本時間）なのか、それとも他の時間帯で見た時刻（例　GMT＝グリニッジ標準時）なのかを明記することも必要になってきます。

・ 12:30 am (a little past midnight)＝夜の12時過ぎ

・ 11:45 am (almost noon GMT)　＝グリニッジ標準時で正午近く

（**注**：上記は確実に伝えるための表記の一例で、これに限定するものではありません。また、昼の12時ちょうどや夜中の12時ちょうどは、数字を書かず、noonやmidnightだけで書くことが多いです）

【その他の時刻表記】

　なお、3:00 pmとすべきか3 pmと書くべきかは、**分単位の数字まで情報として必要としているかどうかも含めて考えましょう**。

　ちなみに、時刻の表記において、**3 o'clockとは書きますが、3:00 o'clockとは書きません**。なぜでしょうか。o'clockは、of the clockの意味で、「3時」や「12時」など、0分ちょうどの場合にしか使いません。例えば、3:01 o'clockはあ

りえないのです。そのため、o'clock を使うなら、必要なのは「何時何分」のうち、時の部分だけで、分の2桁はそもそも不要なのです。

また、午前・午後を表す am と pm は略語なので、本来なら、a.m. や p.m. と表記すべきでしょうが、昨今は**ビジネスライクな場面では** am や pm で済まされることが多いです。ちなみに、イギリス英語ではピリオドをつけない傾向があります。

余談：ピリオドとカンマと数字にまつわる"お国事情"

日本や米国における常識では、小数点はピリオドで、3桁ずつ区切るのはカンマです。しかし、欧州やアジアの取引先と仕事をした経験のある方は、それとは逆のスタイルで数字を書く国があることをご存じかもしれません。**イタリアやドイツ、インドネシア等**が一例です。彼らは、**3桁ずつをピリオドで区切り、小数点はカンマ**です。それを知らずに、「お得な契約だな。それに小数点以下を3桁も書くなんて変わった人たちだ」と思ってそのまま契約したら、そのピリオドは小数点ではなく、金額が3桁違っていて、大損した、という笑えない結果も起きかねません。

さらに、国によっては、**3桁ずつを半角スペースで区切る国（例：フランス）や、アポストロフィ（'）で区切る国（例：スイス）**もあります。つまり、多様な国々と取引をする場合、単なる数字であっても、私たちの文化が「常識的」とするやり方では正しく読めない／正しく伝えられない場合があります。

固定観念に縛られず、「何かおかしい」と思ったら、念のために確認しましょう。文書を読み書きする場合も、数表のファイルをやりとりする場合も、**中身を理解せずに自動的に処理してしまうことのないよう、注意**しましょう。

ここまでの説明を参照しながら、下記の問題をやってみましょう。

＊ お作法の間違いを探そう

例題9：下記の表記で、修正したほうがよい箇所があれば、その部分に下線を引いて修正案を書きなさい。修正箇所が1文あたり1カ所とは限らない。また修正箇所がない場合は、〇を記入しなさい。

1. The 70 year old factory is being demolished.

_____

2. The person we met was Dr. Thomas, CTO, and XYZ Systems.

_____

3. we decided to launch the product next March.

_____

4. The product's list price was set to be 4,000 dollar.

_____

5. Unfortunately the company was not worth investing in.

_____

解答例と解説

1. The 70-year-old factory is being demolished.
   (70年の歴史を持つ工場がいま解体されている)

　　問題文では、70-year-oldのハイフンが抜けていました。ハイフンで
つないで複合形容詞にしましょう。

2. The person we met was Dr. Thomas, CTO, ~~and~~ XYZ Systems.
   (我々が会った人は、XYZ Systems社のCTOであるトーマス博士だった)

　　内容を考えずに見ると、Dr. ThomasとCTO、XYZ Systemsという
3つを列挙しているように見えますが、文をよく読むと、トーマス博士
とその肩書きを書いている文です。andを削除しましょう。

3. We decided to launch the product next March.
   (私たちは、その製品を来年の3月に発売することに決めた)

　　文頭は、大文字で始めましょう。なお、March（3月）は、文中でも大
文字のままです。

4. The list price of the product was set to be 4,000 dollars.
   (その製品の希望小売価格は、4,000ドルと決められた)

　　まず、無機物であるproductには基本的に 's をつけないのでofでつ
なぐ形に変更します。また、4,000ドルなのでdollarは複数形になります。

5. Unfortunately, the company was not worth investing in.
   (残念ながら、その会社は投資する価値はなかった)

　　unfortunatelyは副詞なので、文頭に置く際にはカンマを入れます。

英語にも、話し言葉と書き言葉の区別があるよ

　日本語では、話す時には、語尾の口調がくだけたりするなど、書く時の言葉と少し言葉使いが変わりますよね。また、ショートメッセージやLINEなどのチャット、友人へのメールなど、「話し言葉」にかなり近い言葉を書く場面もあります。

　同様に、**英語にも「話し言葉」と「書き言葉」**の区別があり、チャットやテキストメッセージなど、**その中間**もあります。学校英語では、そうした違いや「どんな場面でどんな英語を使うか」はあまり習いませんが、これを知らないままでは、うっかり取引先にくだけたメールを送ってしまったり、きちんとした挨拶状で突然一部がカジュアルな言葉になったりといったことが起こります。一度、基本を押さえれば、知らないうちにミスをしてしまう可能性は減ります。ここできちんと頭に入れておきましょう。

　この後にご紹介するものは、ノンネイティブでも見分けが可能なわかりやすい範囲です。まずはここから始めてみましょう。

▐ 話し言葉でよく使う「短縮形」は、正式文書では使わない

　it isをit'sと短縮したり、I amを<u>I'm</u>、do notを<u>don't</u>と短縮したりするのは、常識の範囲内ですね。I am = I'mと学校で習ったと思いますが、**「使う場面」**に関していえば、**完全にイコールではありません。**

　「話し言葉」では普通は短縮形（この例ではI'm）を使います。逆に、2語に分けてI amと分けて話すと、通常とは違う違和感を与え、その2語を強調して言っている印象になるでしょう。一方、**きちんとした文書の「書き言葉」では省略せずにフルに書きます。**省略しないことによって、「きちんとした」印象が出せるのです。

　なお、書き言葉にもさまざまな種類があり、どの程度の「きちんとした」印象が求められるかはそれぞれ異なります。例えば、話しかけるように書くことが多いEメールや社内メモ、簡単な報告書では、こうした短縮形が使われることが多く、問

題なく短縮形を使える場面が大半です。しかし、公式な告知文やレポートなどでは、使わないほうが無難です。

■口語的なくだけた表現は、書き言葉ではNG

例えば、「あなたたち」のことを口頭では **you guys** と言う方もいるかもしれませんが、これをそのまま仕事のメールに書くのはお勧めしません。「かなりカジュアルな言葉をそのままメールに書いてしまう人」になります。youだけにすべきでしょう。

同様に、口語でよく使う **wanna**（＝want to：～したい）は、口頭でも相手や場面を選びます（例えば、上司への口頭報告時にはwould like toに差し替えるべきでしょう）。また、メールでも、仕事関係のメールに書くのはお勧めしません。**want to** でも不適切です。would like toにしましょう。

名詞でも、たとえば、上司のお子さんたちのことを **kids** と書くのはお勧めしません。上司自身がkidsと呼ぶことはあるでしょうが、部下が言うならchildrenのほうがよいでしょうし、お子さんたちの名前がわかっているならその名前を呼ぶのがよいでしょう。

同様に、意味が近い単語でも、**書き言葉では、よりフォーマルで長い単語を選ぶ**ことが多いです（例：toughよりもdifficult）。口頭でのコミュニケーションで選ぶべき単語は、聞き間違いがなく、幅広い聞き手にしっかりその意味が届くようなわかりやすい言葉をお勧めしますが、書き言葉では、**比較的硬めの言葉や表現を使いつつ、最終的には相手に合わせて言葉を選んでいく**のがよいでしょう。言葉はコミュニケーションのためのものだからです。伝わらなかったり、意図したニュアンスでなかったりすれば、それは役に立ちません。

【注意すべきポイント】

ネイティブの取引相手や同僚が使う英単語や表現は、皆さんが実践的に使える英語を覚える上での貴重な情報源ですが、それらをどんな場所や状況で聞いたか／見たかも併せて覚えておき、自分で実際に使ってみる時には注意しましょう。例えば、話し言葉で覚えた単語を、そのまま確認せずに書き言葉で使わないよう、気をつけましょう。

▍書き言葉では文法ルールを遵守（1）：等位接続詞

　書き言葉において文法上よく見かけるミスは、文頭に置けない接続詞を文頭に書いてしまうことです。書くよりも話すほうが得意な方のミスとして、よく見かけます。

　接続詞には種類があり、一部の接続詞は、文頭には置けません。例えば、**and**や**but**という、単語と単語、文と文など、同等レベルのものをつなぐ「**等位接続詞**」には、基本的に**文中では使えるが、文頭では使えない**という決まりがあります。

△　I went to Kyoto. But, I didn't visit our Kyoto office.

○　I went to Kyoto, but I didn't visit our Osaka office.

○　I went to Kyoto. However, I didn't visit our Kyoto office.
（私は京都へ行ったが、我が社の京都オフィスは訪問しなかった）

　上記の通り、butを使いたいなら文中で使うか、文頭に置きたいなら文頭に置ける言葉に差し替えるのが解決策です（なお、howeverは接続詞ではなく、副詞なので文頭に置くことができます）。

　また、上記の例文の省略形didn'tはそのままにしました。気軽なメール程度や大半のウェブページなら、省略形は使えるでしょう。しかし、かなりフォーマルなレターや、硬めのレポート、論文などでは、省略形は避けるべきでしょう。官公庁や硬めの業界の企業の公式文書なども同様です。

　会話が得意な方に**なぜこの「文頭にbut」などのエラーが多いのか**。ここからは私の推察ですが、会話では、話の切れ目がピリオドなのかカンマなのか、聞く側にはわかりません。例えば、上記の「△」の例文を話しても、問題なく通じますし、皆が理解できます。それは、**Butの前がピリオドなのかカンマなのか耳では区別しにくいから**です。それで通じた経験から、Butは文頭でも大丈夫だと勘違いする方もいるでしょう。また、私たちの多くが日本語の文法に疎いように、ネイティブでも英語の文法に疎い人はいて、彼らはメールやレポートくらいなら文頭にButを書いてしまいます。カジュアルな場面や簡潔な報告では、それで許されます。

　しかし、私たちノンネイティブが文頭にButを書いてしまうと、文法のエラーは悪目立ちし、特に読み手が高等教育を受けている場合、文法を知らない外国人という印象を持たれてしまいます。andでも同様です。等位接続詞には、このほか、or、nor、so、for、yet（butとほぼ同義）があります。

andを文頭に書きたい場合、私なら代わりに In addition, や Furthermore, など意味に合わせて別の表現を選びます。**or を文頭に置きたいなら Otherwise,** が、**so なら Therefore,** があります。理由を説明する **for を文頭に置きたい場合、** 私なら This is because くらいに差し替えます。

▌書き言葉では文法ルールを遵守（2）：従位接続詞

　主従関係にある2つの文をつなぐ役割を持つのが**従位接続詞**で、becauseや since、if、whenなどがあります。例えばbecauseなら何かの言説（主）とその 理由（従）と、2つの文の間に主従関係がある時に使われます。

　そして、よくミスを見かけるのも、<u>because</u>です。2つの文（つないだ後は 「節」）をつなぐべきですが、1つの節しかない文の頭にbecauseをつけているパ ターンがエラーの圧倒的多数です。理由を書く時にはbecauseを頭につければい い、と覚えている人もいるかもしれませんが、**従位接続詞becauseがつく主語 ＋動詞の節は、主節があってはじめて存在できる**のです。従節だけで主節がない 文は、成立しないのです。

× 　I went to the Kyoto office. Because I needed to attend the presentation.

○ 　I went to the Kyoto office because I needed to attend the presentation.

○ 　I went to the Kyoto office. This was because I needed to attend the presentation.
　（プレゼンに参加する必要があったので、京都オフィスへ行った）

　これに限らず、会話では、文法面や語彙のエラーが往々にして見過ごされます。 勢いで通じてしまうという部分もありますし、等位接続詞の項目で前述した通り、 聞く側が意味や文法を忖度してくれる部分もあります。

　日本語でも、書籍に書いてあるような杓子定規な日本語をそのまま話す人はい ませんし、むしろ不自然ですが、いったん書くとなれば、杓子定規で論理的で硬め の文章を書く場面もあるでしょう。英語でも同様です。**カジュアルな話し言葉と硬 めの書き言葉 ― この2つを使い分け、自在に切り替えることができるようにな りましょう。**

■ （特にビジネスの）書き言葉では、感情的な言葉は抑える

　仕事のメールで相手が感情的な言葉を書いてきたら、どう感じるでしょうか。ビジネスライクに進めたいのに、面倒な相手だなぁと思うかもしれません。

　英語にも、感情のこもる言葉とこもらない言葉があります。最も簡単でみなさんがうっかり使いがちな例が、**very** の代わりとして使われる **so** です。学校の英語でvery ＝ soと教わった方もいるでしょうが、これは**100％イコールではありません**。ざっくり日本語に置き換えるなら、**very は「とても」**、**so はやや感情の入った「ものすごく」**などに相当します。

　例えば、取引先の相手がMy son is very smart.と言う分には、「うちの息子はとても賢いんだよ」と客観的に言っている状態ですが、同じ人がMy son is **so** smart.（うちの息子はすんごく賢いんだよ）、あるいはMy son is **sooooo** smart.に近い言い方で言う場合は、**やや親バカ的な感情がこもった話**にも聞こえます。

　ただし、感情的な言葉を「一切使うな」というわけではなく、感情がこもっている言葉かどうか、わかっていて使い分けるなら、問題ありません。

　例えば、相手から心のこもったギフトを受け取って、本当に「とってもうれしかった」場合、気軽な文面を送れる間柄なら、I was **so happy** to find your gift when I opened the box!（箱を開けてギフトを見つけて、とっても嬉しかったです）くらいは十分送れますし、**相手との関係性によっては sooooooo happy と書いても構わない**でしょう。

　一方で、I was very happy ...なら、うれしかった話を淡々と書いている印象になります。ビジネスライクな間柄ならよいでしょうが、感情を伝えたいなら、so（やsooooo）のほうがもっと嬉しさが伝わるでしょう。また、Thank you very much.とThank you **so** much.の間には、同様の違いが出てきます。

　なお、個人的なギフトに感激した話ならsoでよいのですが、例えば、会社同士の取引関連のメールでsoを使うのはちょっとおかしい、ということはもうお気づきですよね。ビジネスライクで客観的な印象の言葉を使うべきです。例えば「veryでは言い足りない」などveryよりはるかに上の「程度」であることを伝えたいなら、**extremely** などの副詞があります。**「程度」を高めること**と**「感情」をこめること**とを混同せず、把握して使い分けましょう。

　いかがでしょうか。「話し言葉」と「書き言葉」の違いを、これまで意識してこな
かった方も、今後はぜひ使い分けてみましょう。

　なお、「話し言葉」については、もし会話する機会があり、「話し言葉」にあまり
自信がない場合は、迷わず、書き言葉と同じくらい丁寧な言葉で話してみましょう。
例えば日本語でも、時々乱暴すぎる言葉をうっかり使う外国人より、丁寧すぎる
くらいの言葉で話す外国人のほうが、丁寧でしっかり日本語を勉強している人と
いう良い印象になります。英語でも同様です。**ビジネスの場面では、迷ったら、カ
ジュアルな言い方ではなく、丁寧な言い方を選んでおきましょう。**

　それではここで、下記の問題をやってみましょう。

✱ 書き言葉として不適切な表現を訂正

例題10：下記は、ある企業が出す公式文書に記載する文章の下書きである。
書き言葉として不適切と思われる箇所を、適切な表現に書き直しなさい。

1. We started that initiative with Corporation XYZ three years ago. And, we've developed the partnership into a strategic alliance involving a collaborative product development this year.

　　_____

　　_____

2. We're so happy to tell you that our next product launch will be in August.

　　_____

　　_____

解答例と解説

1. We started that initiative with Corporation XYZ three years ago. <u>Furthermore, we have</u> developed the partnership into a strategic alliance involving a collaborative product development this year.

andはさまざまな意味で使いますが、ここでは「さらに」という意図で使われているものと考え、furthermoreに書き換えました。また、短縮形we'veを短縮しない形にしました。

2. <u>We are pleased</u> to <u>announce</u> that our next product launch will be in August.

短縮形we'reを短縮しない形にするのは説明不要でしょう。やや感情的に聞こえるso happyは、ビジネスの告知文などでよく使われるpleasedに変更しました。動詞句tell youは、同様にannounceに書き換えました。

参考訳：
1. 私たちは3年前にXYZ社とその取り組みを始めた。そして、今年は製品の協同開発を含む戦略的な提携に発展させた。
2. 喜ばしいお知らせですが、次の製品発表は8月となります。

【適切な単語の探し方を1つ紹介】

　2つ目の文を題材に、適した単語を選ぶ方法の一例を紹介します。pleasedやannounceという言葉を思いつかなかったとします。この文のWe areとlaunchをそのまま使う前提で、この2つのフレーズが確実に使われている文書をオンラインで探してみましょう。まず、検索エンジンの入力ボックスに**"we are"** **"launch"**（""はそのままつけて入力）を入れて、**検索**してみます。さまざまな団体が出した文書のうち、We areから始まり、何かのlaunch（発売／発表 など）に関する告知文が見つかるでしょう。We are pleased to announce ...などで始まる文書が並びます。そこからよく使われる表現を拾いましょう。こうやって見つけた実例が、皆さんの今後の財産になります。

4 日本的発想からの脱却

日本の「当たり前」の感覚で書いても通じません

ここでは、日本的な発想や和製英語などの落とし穴にはまらずに書くためのコツをお伝えします。

1 日本的発想にとらわれずに書く方法

このセクションでは、**日本的な「当たり前」の感覚で書いた英文をどう自然な英文に変えていくか**、そのヒントをお伝えしていきます。

もしかしたら、あなたがこれまで書いてきた英文は、相手にとって読みづらく、意味をつかむのが面倒なものだったかもしれません。違和感なくスムーズに読んでもらえるよう、工夫しましょう。

心配性の方へ ── 不要なものを落とす勇気を

意図がきちんと伝わっているか心配な方が書く英文は、とかく「念のため」に要素が多くなりがちです。その結果、くどくて長い文になり、長さの割には内容がなく、読む側にとっては時間の無駄になるため、好感は持たれません。必要不可欠な情報に絞るために、不要な情報を落とす勇気を持ってください。

直訳した無駄な単語はカット

△ The amount of the sales of the ABC product increased by 20 percent last year.
（製品ABCの売上額は昨年、20%増加した）

上記の文は、何ら文法的には問題はありません。しかし、**The amount of**は、必要でしょうか？「売上が増えた」と言う場合、日本語でも、その「売上」は通常「金額」のことです。英語なら常識が違うでしょうか？ いいえ。あえて**the amount of the sales（売上の金額）**と言う必要はありません。次の例のほうがシンプル

で伝わりやすくなります。

○ The sales of the ABC product increased by 20 percent last year.
（製品ABCの売上は昨年、20%増加した）

　他にも、つい言葉を追加してしまう例を紹介します。例えば、相手とビジネスに
関する契約交渉を行っている時に、いちいち**the business contract**などと言
う必要があるでしょうか。今、目の前で行っている交渉はビジネスに関するものな
ので単に**the contractと言えばその契約のことだとわかる**場面なのに（theと
いう定冠詞が持つ意味や機能を思い出してください）、つい「念のため」に
businessを入れてしまっていないでしょうか。言わなくてもわかる言葉は勇気を
持ってカットしましょう。

△　the business contract

○　the contract

必要かどうか、は毎回判断する

　なお、似たような状況でも、「ないと混乱する」場合は、残します。例えば、「限
定版の発売時に、**売上『金額』も『個数』も増えた**」という場合、金額なのか個数
なのかを区別して語る必要があり、the amount（金額）とthe number of units
sold（売れた個数）をつけて書く必要が出てきます。

○ Because of the release of the limited version, both <u>the amount</u> of the sales and
<u>the number of units sold</u> of the ABC product increased.
（限定版の発売により、製品ABCは、売上金額も販売個数も増えた）

　こうして要不要を毎回判断していくことで、必要な情報だけが残った文を常に
書けるようになります。
　なお、売上について「金額」のことなのか「個数」のことなのかを明確にして書
く場合は、（ドルの場合は）**dollar sales（売上金額）**／**unit sales（売上個数）**
と言ったりもします。日本円なら**yen sales**でしょうか。

見出しにAboutやRegardingはいらない

　これも「なくてもわかる」の一例です。日本社会の文書では、見出しを「…につ
いて」「…に関して」などと書きがちです。そのクセをそのまま英語に持ち込んで
しまうと、**About**や**Regarding**などがついた見出しができあがります。例えば、

下記のようなものです。

× <u>About the ABC Company</u>（ABC社について）

　しかし、英語では、About や Regarding といった言葉を見出しにつける習慣はありません。こうした単語自体にはなんら情報がないので、カットしましょう。

　その一方で、日本語では、ついざっくりと「…について」と書いてしまい、「…の何」なのかを書かない傾向があります（例：「…の<u>営業戦略</u>」なのか、「…の<u>業績</u>」なのか、「…の<u>新製品</u>」なのかなどを見出しでは明確にしないまま、本文が始まる）。そのため、About に類する単語を見出しから削除すると、短い場合は1語しか残らないこともあります。具体的な情報を欠く About 的な部分は落とした上で、**読み手にとって役立つ見出しになるような具体的な情報を盛り込み**ましょう。

○ <u>Recent Developments of the ABC Company</u>
　　（ABC社の最近の動向）

カッコは目立たせる目的では使わない

　日本語では、目立たせるために「　」や【　】などを使ったりしますが、そこからの連想で、英語でも目立たせようと（　）や［　］などを使っている例が散見されます。しかし、英語における（　）等のカッコは、基本的に、補足情報の記述のために使われます。つまり、カッコで囲むとその内容は「重要な内容」ではなく、「補足的な内容」になってしまい、**むしろ重要度が低くなる**のです。逆効果です。

　では、**英語で目立たせたい時**にはどうしたらよいのか。文中の文字なら、**フォントを別の種類に変えたり、太字にしたり、<u>下線</u>を引いたり**します。見出しなら、さらに**文字サイズを大きく**することもあります。

仕事のメールの主語はいつも we で OK？

　日本語では主語を省略することが多いため、主語を意識して決める／選ぶことに慣れていない方を時折見かけます。例えば、会社同士の交渉や取引に関するコミュニケーションにおいて、we を主語にすれば「弊社は」と書くことになり、よく使えるのでとても便利ですが、we ばかりを使っていませんか？

　we を主語に書くと、それは「弊社」、つまり「会社を代表した見解」だと相手は解釈します。**書き手の私見を書く時にも無意識に we を使ってしまうと、後にトラブルにもなりかねません。**何を主語にして書くか、意識して選びましょう。

ここまでの説明を参照しながら、下記の問題をやってみましょう。

✱ 日本人の感覚を脱却できているか確認

例題11：下記の設問に対する解答を書きなさい。

1. 下記の文から、なくてもわかる部分を削除し、全文を書き直しなさい。

   The number of passengers passing through the airport has increased since the factory opened last year.

2. 下記の文を私見だと伝わるように書き直しなさい。

   We think that we will be ready to present a quote at the next meeting.

3. 下記は、長い英文レポートの中に置く小見出しです。これを適切な形に書き換えなさい。なお、フォントの種類なども意識しなさい。

   [Regarding the Functions of the Machinery]

解答例と解説

1. <u>Passengers</u> passing through the airport <u>have</u> increased since the factory opened last year.

   （昨年、その工場ができて以降、その空港の乗降客数が増えている）

   　冒頭のThe number ofを削除しました。**動詞部分がincreased「増えた」なら、数（the number）が増えたと言わなくても、「乗降客（passengers）が増えた」と言うだけでわかります。**

   　また、この削除に伴い、主語のメイン部分がpassengersという複数名詞になったため、動詞部分をhas increasedから<u>have</u> increasedに変更しました。

2. <u>I personally</u> think that we will be ready to present a quote at the next meeting.

   （[私は] 個人的には、[弊社は] 次回の打ち合わせでお見積もりを提示できると思います）

   　冒頭のWeを**I personally**に差し替えました。**個人的な見解だとい**

うことがこれで伝わります。文中のweは、見積もりを提出するのは「会社として」なので、そのままにしてあります。

「私見ですよ」「会社としての約束ではないですよ」とわかるように書いてもさらに、「見積もりが出せない」可能性もヘッジしておきたいなら、その後に、I must double-check with the sales team later, though.（後で営業チームに確認しなければなりませんが）といった一言を追加する手がありますが、ここまで言っておかなければならないのは、よほど相手が毎回言質を取ろうとするような面倒な時や、そもそも揉めている場合くらいでしょうか。ごちゃごちゃ書きすぎると、メインポイントに目がいかなくなり、メインメッセージが伝わらなくなりますので、**書かなくてよいものは書かないでおく**のがおすすめです。

3. The Functions of the Machinery（その機械の機能）

カッコ [　] を外し、Regardingを削除しました。さらに、**フォントをArialに変更**しました。さらに目立たせたい場合や、大きなセクション全体の見出しの場合は、文字をもっと大きくするとよいでしょう。また、章やセクションの番号があれば、行頭に3.や2-5. などとつけるとなおよいでしょう。

なお、Arialは、WindowsでもMacOSでも大抵のPCにある標準的なフォントで、日本語フォントの「明朝」「ゴシック」で言うなら「ゴシック」に近いタイプです。日本語のゴシックのフォントで英文を書くと文字間が間延びすることがありますが、Arialは英文フォントなので、そうした問題は起こりませんし、一般的なフォントなので、相手先のPCでも同様に見えるはずです。このように、見え方に配慮するなら、**相手先のPCでの見え方にも注意を払うこと**を推奨します。

2　和製英語のワナ

　日本語の中で「外来語」はよくカタカナで表記されます。カタカナ語をそのままアルファベットに変換して、英語として通じることもありますが、カタカナ語を組み合わせたり変形させたりした日本独自の言葉には、和製英語もかなりあり、そのまま英文字にしても通じない場合がほとんどです。

　ビジネスで使いがちな具体例を下記に紹介します。すべての例に共通する注意事項は、「**和製英語に惑わされず、具体的な内容に即した正しい英語表現を使う**」ということです。

リストラ　　△ restructuring　○ layoff

　日本語でいう「リストラ」は、主に人員整理のことを指すことが多く、広義でも、収支改善のための解雇や事業縮小で、ネガティブな印象がつきまといます。

　しかし、英語の**restructuringの本来の意味は、「構造改革」**、つまり事業の構造を（ニュートラルかつ積極的に）見直すことを意味します。事業再編には人員整理が含まれることもありますが、そうではないこともあります。むしろ、儲かっている時にこそ積極的に行うべきなのが、本来の意味のrestructuringと言えるでしょう。

　もしあなたが言おうとしている日本語の「リストラ」が、**雇用側の都合による複数名を対象とした「人員整理」**のことなら、layoffと言うべきでしょう。ちなみに動詞はlay offです。

　また、特定の人について「〇〇さんがリストラされた」と言う場合は、その人が「首になった」「解雇された」という意味ですから、動詞の**lay off**や**fire**を〇〇さんを主語とする受動態で使うべきでしょう。なお、この2つには厳密には意味の違いがあります。lay offは、前述のとおり主に雇用者側の都合や責任（例：経営不振による赤字）によって、往々にして大勢の人を一度に解雇する場合に使います。**fireは、主に従業員側の問題で解雇**される場合に使われます。

ホームページ　　△ home page　　○ web page / website

　日本語では、ウェブサイトやウェブページのことを何でも「ホームページ」と言っていますが、実は微妙に意味が違っています。ですから、いつでもhome pageと訳してしまうと、誤解を与えてしまうことがあります。

本来の「ホームページ」や（英語の）home pageは、どんなウェブページやウェブサイトにも使えるわけではなく、その企業や団体や個人の「ホーム」なページのことです。**企業のウェブサイトなら、そのトップページや最もメインのページのこと**でしょう。例えば、大きなウェブサイトで「Home」というボタンを押すと必ず特定の画面に戻る、そんな「主なページ」がありますよね。あれのことです。

　それ以外のページは、単にウェブページ（web page）と呼ぶことが多いですし、そうしたページの**集合体である企業のウェブサイト全体**のことはウェブサイト（website）です。

■ リニューアル　　× renewal　　○ a change of ～ / refurbishment of ～

　日本語で非常によく使う言葉ですが、これをそのままrenewalと変換して英文の中で使うと、意図がうまく伝わらないことがほとんどです。

　日本語の「リニューアル」は、企業の"ホームページ"のデザイン変更や店舗の内装変更などの際によく使われます。しかし、英語の**renewal**は、動詞renew（契約等を「更新する」）の名詞形ですから、メインの意味は「**契約更新**」のことなのです。これで、日本語の「リニューアル」をそのままrenewalとしてはいけない理由がわかりましたよね。デザインや内装の話をしていたのに、突然「契約更新」を示唆する言葉が出てきたら、読み手は戸惑います。

　では、英語でどう書くべきでしょうか。

　表現したい「具体的な中身」を考えてみましょう。企業の"ホームページ"のデザイン変更なら、**a (big) change of** the corporate website（一例です。単なる内容更新なら**an update of**でもよいでしょう）とすれば誤解は与えません。お店を改装したなら**refurbishment of** the shopなどでしょうか。refurbishは「改装する」という意味の動詞でrefurbishmentはその名詞形です。

■ コストダウン　　× costdown　　○ cost reduction / cost cutting

　収支改善を迫られている場面なら日々使っている言葉かもしれません。しかし、そのままcostdownあるいはcost downとしても、通じません。これは、単純にそういう言葉がないためです。

　ではどう言うべきか。**cost reduction**や**cost cutting**などでしょう。動詞で使うなら**reduce the cost of** …や**cut the cost of** …などでしょう。

❚ クレーム　　× claim　　○ complaint(s)

　日本語の「クレーム」は、「苦情」「文句」の意味でよく使われます。しかし、英語のclaimには、そういう意味はありません。そのため、「苦情」の意味でclaimを使うと、読み手は意味がわからず、戸惑います。

　動詞claimには**「要求する」「主張する」「言い張る」**という意味があります。そのため、何らかの「不満」や「苦情」をベースにお客様が何かを「要求」した場合、その「要求」のことをclaimと呼ぶことはできますが、「苦情」自体のことをclaimということはありません。

　では、「苦情」「文句」を意味する「クレーム」は、どう表現すべきでしょうか。最も一般的にこの内容を表せるのはcomplaintです。苦情が複数件あるなら複数形のcomplaintsになります。

❚ SNS　　× SNS　　○ social media / social network

　アルファベットの略語ですし、日本語ではマスコミの記事にもよく使われているため、そのまま英語でSNSと言って通じると思っている方も多いかもしれません。残念ながら通じません。どのくらい通じないかというと、SMS（携帯電話番号あてに送るショートメッセージ）のタイプミスだと誤解される可能性があるくらい、通じません。

　ではどう書けば通じるでしょうか。social mediaやsocial networkとすれば、FacebookやX（旧Twitter）、Instagramなどを総称する日本語の「SNS」のことになります。英語で書く時は、頭を切り替えてsocial mediaやsocial networkを使いましょう。

❚ サラリーマン　　× salaryman　　○ office worker / corporate employee など

　日本語の「サラリーマン」には、いろんな意味が含まれていますよね。「自営業ではなく会社勤め」という意味だったり、「雇われの身です」という自虐的なニュアンスだったり、「時給ではなく月給で働いています」ということだったりします。

　これらすべてを表せる便利な言葉が英語にないため、言いたい内容に合う英語を用意するしかありません。例えば、「**（オフィスで働く、ホワイトカラーの）事務職**」だと言いたいなら、office workerでしょうか。「**企業に雇われている人**」なら、corporate employeeでしょうか。「**月給や年俸制で働いている**」なら、salaried workerでしょう。

ちなみに、英英辞典のMerriam-Webster Dictionaryには、salarymanが"a Japanese white-collar businessman"という定義で出ていますが、日本人に特化した特殊な用語の扱いなので、私たちは使わないほうがよいでしょう。

また、ついつい「名詞」で言うのが日本語だとすれば、名詞よりも「動詞」で表現するのが英語です。上記の表現よりも、**work in an office**や**work for a company**、**be employed by a company**、**be paid a salary**などと言うほうが、より自然な英語になります。

また、それ以前に、日本では「会社」に勤めてその社内でさまざまな職種を経験することが多いですが、海外では特定の「職務」「職責」のために企業に勤め、さらに良い勤務条件を求めて別の会社に移ることが多いです。仕事は「会社」中心ではなく「職務」中心ということです。そのため、海外では元々、「会社勤めです」と表明する場面は少なく、「営業担当です」「法務関連の仕事をしています」「マーケティングディレクターです」「顧客サポートを担当しています」といった**具体的な仕事内容を伝える形で自分の仕事の説明をすることが多い**です。つまり、いろんな意味で**「サラリーマン」と伝える場面は少ない**のです。

▌メカニズム　　　× mechanism　　　○ the system / the scheme など

システム等の背後／内部にある「動く仕組み」「仕掛け」のことを日本語ではよく「メカニズム」と呼んだりしますが、そのままアルファベットに変換すると、それは「機械仕掛け」の印象が強い言葉になってしまい、より幅広い意味で使う日本語の「メカニズム」の意味にはなりません。

あるシステムの「詳細」のことを言うなら、the systemやthe details of the system、何かの「制度」や「スキーム」のことならthe scheme、何かが動いたり機能したりするその仕組みのことなら、how it worksなどと節で書くほうが伝わりやすくなります。

▌サービス　　　△ service　　　○ free of charge など

形のある「製品」ではなく、**形のない「サービス」のこと**を言うならserviceで大丈夫です。

しかし、**「無料サービス」や「追加料金無料」などという意味で使う日本語の**「サー

ビス」は、serviceでは表現できません。代わりに、実質的に同じ意味の言葉を充てるしかありません。例えば「無料で」という意味なら、for free of chargeと表現できます。また、「追加料金なしに」という意味ならat no extra chargeやfor no extra paymentで表現できます。

■ メリットとデメリット　　△ merit/demerit　○ advantage/disadvantage　○ pro/con

meritやdemeritという単語はありますが、日本語ほどの幅広い意味では使われていません。例えば、meritは、「**長所**」や「**取り柄**」、「**手柄**」といった意味で、ビジネスの場面では、日本語の「メリット」ほどの頻度では使われません。

日本語の「**メリット／デメリット**」と同じ意味でよく使われる英語は、advantage/disadvantageやpro/conです（いずれも複数の場合はsがつきます）。

■ コンセント　　× consent　　○ outlet/socket

出張先のホテルや出先のオフィスでパソコンなどの電源をとる「コンセント」のことをconsentと言っても、英語のconsentは「**同意**」という意味なので、まったく通じません。「**コンセント**」と言いたい時は、outletやsocketと言いましょう。electrical outletやpower socketなど、「電気」であることを付け加えれば、なお確実でしょう。outletはアメリカ、socketはイギリスで通じます。

なお、自分のパソコンから延びた電源コードケーブルの先端（コンセントに差し込む部分）はplug、延長コードのことは、extension cordなどと言えば伝わります。

■ マンション　　× mansion　　○ apartment/condominium

不動産事業なら「マンション」開発などの事業に投資するかもしれません。また、取引先との雑談の中で、「私は〇〇駅の近くのマンションに住んでいます」という話をする場面もあるかもしれません。

mansionは、主に**一戸建ての「大豪邸」**のことで、日本語の「マンション」とは違います。ビルの中に複数の住居が数多く並ぶ**共同住宅**のことは、英語ではapartmentやcondominiumと言います。そこには、日本語の「アパート」という言葉の持つ、軽量鉄骨や木造の共同住宅という印象はありません。

厳密には、**区分所有のものをcondominium、一棟全体を同じオーナーが所有して各区分を貸し出すものをapartment**と区別することもあるようですが、不動産関連の詳しい話をする時以外は、意識する必要はないでしょう。

　なお、長期出張用に**滞在型ホテル**を取る場合、それはresidential hotelと言うこともできます。あるいは、**serviced apartment**と言うことが多いです。最近は日本語でも「サービスアパートメント」と呼んだりしますね。

▍展示会　　×exhibition　　○trade show

　出張先で「展示会」に行くこともあるでしょう。普通に辞書を引けば、exhibitionという単語が出てきます。しかし、これではビジネスパーソンの皆さんがよく行く、業界や特定のトピックの企業が出展するような、関東ならしばしば幕張メッセや東京ビッグサイトで行われる展示会の意味にはなりません。exhibitionは、**exhibit（展示する）場のこと**です。例えば、美術展ならexhibitionです。いわば、見せるだけの場で、そこで商談や会議が行われるニュアンスはありません。

　商品の展示や商談に直結するような展示会のことは通常、trade showと言います。tradeでもありshowでもある場です。

　一方で、**展示会場**のことをconvention hallと言うことがあります。もしその展示会が、特定業界の人たちが集まって会議したり、最新状況や製品を展示したり、研究成果を共有したりするもので、**商談の場という位置付けがあまりないなら、convention**が合うでしょう。conventionは、大勢の人が集まって話したり情報共有したりするイメージの言葉です。

　直前のユニットで「和製英語」について説明しましたが、ここでは、さらに根が深い、一筋縄ではいかない問題をご紹介しておきます。

ビジネスの現場で誤解を招きそうな表現を厳選紹介

　言葉はその文化に根付いた形で使われています。そのため、**文化が違えば**、同じ意味を表す単語として辞書に出ている言葉も、**ニュアンスが違う**言葉として使われていることがあります。例えば、中心となる意味がたまたま同じでも、それぞれの単語の意味の振れ幅やイメージに差があったり、同じ内容でも、その伝え方が文化によって違ったりします。

　もし「きちんと辞書を確認して言葉を選んだのに、何か誤解を与えてしまった」という経験があるなら、その原因は上のようなものかもしれません。

　ビジネスの現場において、著者も実際に、違和感を覚えたり、ひやりとした経験をしています。その例をいくつかご紹介します。それぞれについては、使い分けや解決策を示してあります。

　もし次ページ以降に挙げたのとは別の言葉で、**同様の混乱が起きたら**、その場合は、対面なら相手の表情を見ながら言えますから、**よりストレートな言葉、できれば何種類かを示して言い換えて**みましょう。そうすれば、その場では、相手はその中の共通項となる意味を汲み取ってくれるでしょう。**書いて伝える場面なら、和英辞典は脇に置いておき、英英辞典などで言葉の持つイメージを詳しく見て**確認してから書き換えてみましょう。こうした試行錯誤を積み重ねることで、同じ誤解を避けることができ、より適した言葉を選ぶことができるようになるはずです。

日本語のように柔らかく言うと、真意は伝わらない

難しい ≠ difficult

日本人の「難しい」は「ほぼ無理」だが、difficultは「単に難しいだけ」

　日本語では、厳しい内容であればあるほど柔らかく伝えて相手に察してもらうというコミュニケーションスタイルをとることがあります。例えば会議で、**日本企業を相手に「難しいです」と言えば、相手は「かなり厳しいんだな」「ほぼ無理なんだな」**と察し、他を検討してくれるでしょう。

　しかし、相手が**外国企業**の場合にdifficultと言うと、「Noではない」「単に難しいだけ」と解釈され、「どのくらい難しいですか」「いくら追加料金を払えばできますか」と積極的に質問をしてくる可能性があります。真意が伝わらなかったことに日本側が気づいて、「いえ、できないんです」と言い直すと、相手は「えっ？さっき難しい（＝「頑張ればできる」とも解釈可能）って言いましたよね？」と混乱してしまいます。

　このすれ違いは、**日本語の「難しい」と英語のdifficultでは、実際の意味の幅が違う**ことによるものです。日本語の「難しい」は、日本人の伝え方のせいもあって、「難易度が高い」から「不可能に近い」までをふんわりカバーしていますが、英語のdifficultは、単に「難易度が高い」だけです。

　さらに言えば、もし相手の文化でバザールや市場での交渉を日頃から行っているような場合、その相手に「難しい」と言えば、（本当はそれほど難しくないのに）あなたが条件を吊り上げたいから難しいと言っている、という可能性まで考慮に入れて、いろんな方向から交渉してくるかもしれません。

　このように、特に否定的な内容は、日本側が親切心から柔らかく伝えてしまうと、相手に真意が伝わらないということが起こります。グローバルに通じるコミュニケーションのためには、1章で紹介した、**察することを求めるハイコンテクスト文化から抜け出す必要**があるのです。

　さらに言うなら、会話なら顔の表情やジェスチャーを追加できますが、書き言葉では、言葉だけで伝えなければなりません。抑え気味の表現は、より誤解を生じさせやすくなります。

　このように、明らかに異なる文化の人を相手にする場合、今回の「難しい／

difficult」の場合なら、直訳のdifficultで済ませずに、真意により近い言葉を選ぶ必要があるでしょう。「厳しいな」「ほぼ無理だな」と思うなら、**difficultと言う代わりにalmost impossible（ほぼ不可能です）と言ってみたり**、そもそもできないなら**cannot**などを使ったり、「その日程ではムリ」ならばそうした細かい条件も含めて伝えるなど、**本来の内容により近い言葉を選んで明確かつ具体的に伝え**ていきましょう。ストレートになりすぎると不安に思うなら、本質的な部分はあやふやにしないまま、例えば文頭に**Unfortunately（残念ながら）**など、**クッションとなる言葉を入れてみる**など、他の方法で柔らかくしましょう。

　このように、結論をはっきり伝えること自体は、失礼ではありません。誤解を与え、あらぬ期待をもたせ、忙しい相手に詳細確認のための時間や手間を取らせることのほうが、よほど迷惑をかけます。言う・書く側にとっても、後々起こるトラブルの芽を摘んでおくことのほうが重要です。

▌和英辞書の記載を盲信しないこと

確認する ≠ confirm
「確認する」は「チェックする」＆「判断する」だがconfirmは「判断する」のみ

　和英辞書で「確認する」を見ると、大抵の場合、最初に「confirm」と書いてあるせいで「確認する＝confirm」と覚えている方も多いでしょう。しかし、日本語の「確認する」をすべてconfirmに置き換えてしまうと、場合によっては違う意図が伝わり、トラブルになる可能性があります。その一因は、これも日本語の「確認する」と英語のconfirmの意味のカバー範囲が違うからです。

　日本語で、例えば、「機械の設定を念のため確認しよう」といえば、その「確認する」は、設定が「**正しい**」可能性も「**正しくない**」可能性も両方想定して、設定を「**チェックする**」という意味です。しかし、「その設定が正しいことを確認しました」と報告した場合、その「確認する」は、「**（そうであることを）認める**」という、ある種の「判断」「宣言」を意味します。日本語の「確認する」には、実はさまざまな意味があるのです。

　それに対し、**英語のconfirm**は、「**（そうであることを）認める／同意する**」という意味のほうだけです。「**正しくない**」可能性も踏まえて「チェックする」という

意味はありません。日本語の「確認する」とは、カバー範囲が違うのです。

　ここで、勘のいい方なら、日英の「確認する／confirm」のカバー範囲の違いから起こるトラブルが想像できるでしょう。日本側が、50/50の可能性で「確認する」つもりでconfirmと言ってしまうと、まだ判断していない段階なのに「その通りだと認める」という結論を伝えたことになってしまい、その後、「確認したと言っただろう」と、「言った／言わない」の揉め事が起こりかねません。**「チェックする」だけの意味なら**checkなどを使い、さらにその後の節の先頭はthatではなく、「〜かどうか」の意味になるwhetherやifを使いましょう。

・ We confirmed that the configuration was correct.
　　✕　私たち (or 弊社) は、その設定が<u>正しいかどうか</u>、確認しました。
　　◯　私たち (or 弊社) は、その設定が<u>正しいこと</u>を確認しました。
・ We checked whether/if the configuration was correct.
　　＝　私たち (or 弊社) は、その設定が<u>正しいかどうか</u>、確認しました。

　なお、日本人の「確認します」は、その時が最初の確認ではなく、実は、すでに確認しながら実施していて、その結果や状況を「念のため再確認する」という場面で使うことも多いでしょう。しかし、checkにはそこまでの意味はないため、checkすると書くと、相手にはそれが「初回の確認」と感じられて、「えっ、まだ確認してなかったの？　これからやるの?」と思われてしまう可能性があります。そうした**「念を入れて確認する」**の意味に対しては、**double-check**という動詞があります。「念のための確認」と言いたい場合は、checkの代わりにdouble-checkを使うと、本来の意味を伝えることができ、相手はていねいな仕事に感心し、評価してくれるでしょう。

・ We double-checked whether/if the configuration was correct.
　　＝　私たち (or 弊社) は、その設定が<u>正しいか</u>、念のため再確認しました。

　なお、再確認して「設定が正しい」ことがわかっている場合や、確認して「設定が正しい」状態にしたという場合は、**make sure**も使えます。これは「…であることを確実にする」という意味があり、今回の例文に使うなら、「確認（必要なら修正も）して、設定が正しい状態にしてある」という意味になります。

· We made sure that the configuration was correct.

= 私たち (or 弊社) は、設定が正しいことを確認しました。(+正しくなるように調整した場合を含む)

▋日本語の「できた」は、英語のcouldとは違う

> ### できた ≠ could
> 「できた」は「成功した」だがcouldは「能力／可能性があった」

　上の見出しを見て、「中学以降の英語教育は何だったのか」と驚愕している方もいるかもしれません。少なくとも私の世代は、学校でcouldは「できた」という意味だと習いました。さらにcould はwas able toにも言い換えられるとも教わりました。

　これは、日本国内の英語の試験では、おそらく今でも正解です。canの過去形がcouldであることは間違いありません。しかし、対外的なコミュニケーションにおいて、毎回「できた」をcouldに自動変換してしまうのは危険です。「できた」とcould、was able to、それぞれの意味が違うからです。

　日本語の「…できた」は、「…することに成功した」「実際に…した」という意味で使われることが多い印象がありますが (例：ようやく開発チームのメンバーを採用できた＝開発チームメンバーの採用に成功した)、一方で、**英語のcouldは、「(過去のある時点で) …する能力／可能性があった」**という意味なので、「できた」とcouldの意味は違います。

　また、日本語で「過去に…する能力があった」と言われれば、「力があっただけで、実際は実行していないのでは？ あるいは、当時はその力があったとしても、今はもうないのでは？」とさまざまな疑念を抱く方もいると思います。まさに英語のcouldにも、そのニュアンスがあります。couldなどの過去形の助動詞は、仮定法、つまり「(場合によっては) できたかも」のような仮定の話で使われることが多いため、うっかり日本語の「…できた」のつもりでcouldを使ってしまうと、相手は、あらぬニュアンスを感じ取ってしまいます。

　では、「…することに成功した」「実際に…した」の意味の日本語の「…できた」を英語ではどう書くべきか、ですが、この日本語は、単に「…を実行した」という

意味ですから、英語では、**動詞の単純な過去形**（どうしても気になるなら finally や successfully をつけるなど）で表現すべきでしょう。

・ We could hire the members of the development team.

> ×　私たち（or 我が社）は、その開発チームのメンバーを採用できた。
>
> ○　私たち（or 我が社）は（当時）その開発チームのメンバーを採用することが<u>できた</u>（けど、しなかった？）。

・ We successfully hired the members of the development team.

> ＝　私たち（or 我が社）は、その開発チームのメンバーを（うまく）採用できた。

　ここまで読まれると、日本語の「…できた」を動詞の過去形で表現するのが意味的に合うことを納得していただけるのではないかと思います。

　なお、冒頭でもう1つ例に挙げた **was able to** は、上述の could とも微妙に違い、「**（過去のある時点で）…することができた／…する能力があった**」という意味になります。そこに、仮定のニュアンスはありません。

・ We were able to hire the members of the development team.

> ＝　私たち（or 我が社）は（当時）その開発チームのメンバーを採用することが<u>できた</u>（＝そういう能力があった）。

　以上の3つの表現が与えるイメージの違いを把握した上で、適切な言葉を選び、相手に余計な誤解を抱かせないようにしましょう。

■「どう思うか？」の「どう」は、how ではなく what

> ## どう思う？ ≠ How do you think?
> 「どう思う？」は「感想の中身」を、How 〜は「思考方法」を質問している

　何かについて相手に「どう思いますか？」と、感想や反応をたずねる時、How do you think? とやっていませんか？　残念ながら、それは違う意味になっています。この場合の「どう」は、how ではないのです。

　how は、手段や方法を質問する疑問詞です。例えば、「どうやって駅へ行きますか？」と移動方法を聞くなら how です。つまり、**How do you think?** は、「どう

やって（どんな方法で）考えますか?」と、**思考方法を質問**していることになってしまいます。

では、本来聞きたかった「**どう思うか?**」は、どう質問したらよいでしょうか。「どう思うか?」という日本語は、「**どんな感想を持ったか?**」と言い換えることができます。つまり、この場合の「どう」は、動詞think（考える）の目的語となる「どんなもの」のことです。**物を質問する時に使う疑問詞は**whatですから、howではなくwhatを使いましょう。

○　What do you think about ~? (〜について<u>どう</u>思いますか?)

　日本語の「どう」に惑わされず、本質的な意味を考えて、単語を選んでいきましょう。

日本語で言う、未来の「…します」は、毎回willとは限らない

> # します ≠ will
> 「します」は広い範囲の未来を、willは主にその場の意思・判断を表す

　未来の時制を表すにはwillを使う、と習いました。それは間違ってはいません。しかし、未来の話をする際に、毎回willでよいとは限りません。**will**は、どちらかといえば「**（今思いついたんだけど）…をやる予定です**」というニュアンスがあるからです。また、自分（I）を主語に書くならよいですが、自分以外を主語にwillで書いてしまうと、「**（その人に）…をやらせます**」というニュアンスも出てしまいます。

　例えば、上司から「さっき頼んだ、A社の最近の広告に関するレポートだけど、2〜3日で作れる?」と聞かれた時、Yes, I will work on it today and tomorrow.（はい、今日明日で作業します）と答える分には問題ありません。**今考えてその場の判断で自分が「はい、やります」と答える時には最適**です。

　しかし、例えば、「来月アメリカから来るA社のJaneさんとは、どういう予定になってる?」と聞かれて、「10日16時に来社されて会議の後に会食の予定です」などと答える時に使うなら、willはベストではありません。**いま思いついた話ではなく、既に予定は組んである**ので、**be going to** …あるいは単純な現在形の動詞が適しています。また、その予定を組んだ担当ではないため、「**おそらく…の予定**

のはず」というニュアンスでしか言えないなら、be supposed to …なども使えるでしょう。万一、A社のJaneさんがあなたの部下で、**自分の命令で「これから…をさせる」と言える関係性**があるなら、She will …とすることもあるでしょう。

参考例：She is supposed to come to our office at 16:00 on the 10th for a meeting with us, followed by dinner.

日本語の「普通」は、normalより意味が幅広い

普通 ≠ normal
「普通」は意味の幅が広く、normalは「正常な」のニュアンス

日本語の「普通」と英語のnormalは同じではありません。日本語の「普通」のほうが、意味の幅がはるかに広いです。

英語のnormalは、**abnormal（異常な）の反意語**だと考えれば、イメージがつかみやすいでしょう。normalは、「普通の」という意味もありますが、「正常な」という意味もあります。

もし**「高級ではなくて、もっと標準的な価格／仕様の」**という意味なら、premiumなどに対する言葉としてstandardやaverage、あるいはnot specialなどが使えます。**「特別なものではなく一般用の」**ということなら**general**、「よくある」「ありふれた」という意味なら、commonやordinaryが使えます。**「日常の」「普段の」「日頃からよく使っている」**というような意味なら、usualやdailyなどが使えます。

こうした例から、日本語の「普通」がいかに幅広い意味を持っているか、ご理解いただけたと思います。そのため、日本語で「普通」と言いたい時に毎回normalあるいはstandardなどばかりを使ってしまうと、文章のイメージが平板になったり、日本語のその時の意図とは違うニュアンスが出たりします。逆に、それぞれの意味に合う単語を選べていれば、的確なイメージを伝えられる多彩な英文になるでしょう。

少し心配な単語があるなら、時間がある時にそれを英英辞典で確認し、そこにある例文を読んだり、もっと近い意味を表す単語がないか探してみたり、ネイティブが書く英文から使えそうな単語を拾ってみるなどして、**和英辞典に頼らない方**

法で英単語そのものの意味やニュアンスをきちんと把握していきましょう。その積み重ねは、確実に力になります。

日本の評価マーク◎○△×は 海外では通用しない

　日本語の文書、特に表やチャートでは、◎や○、△、×といった記号をよく使います。例えば、社内で検討中の新システムをどの開発会社に発注するかを決定するため、チェックリストに「納期」「品質」「見積価格」などの項目を並べて皆で評価しようという場合、この4つの記号でマークしてくれと言われれば、私たちはまったく説明されなくとも、◎＝「とても良い」、○＝「良い」、△＝「まあまあ」、×＝「悪い」という意味だと理解し、その前提でマークしていくことができます。

　しかし残念ながら、私たちの**この記号の使い方は日本ローカルなもので、国外ではまったく通じない**と思ってください。この4つの記号を表に並べても、海外の人にとっては、♡や☆などが並ぶ表を見て私たちが抱く印象と同じです。どのマークが何の意味かわからないので、表の意味がわからないのです。

　代わりに使えるのは、**数字**（例　5段階評価で1～5）や**アルファベット**（例　A～Eなど）です。その場合、私たちが◎などの記号を使う場合と異なり、1と5のどちらが「最高」なのか固定観念がありません。つまり、「1が最低評価、5が最高評価」などとルールを決め、それを周知してから使う必要があります。

　ちなみに、二択で使う○×についても、私たちの解釈と異なる国が結構あります。×を「確認した」という、いわば良い意味（✔マークの代わり）で使う国が結構あるため、**×は必ずしも「悪い」「ない」意味とは限らない**のです。

　上記のことから、海外向けの資料の表や図に何らかの記号を使おうと思った時は、一呼吸置いてから、それを数字やアルファベットに差し替えることも考えてみてください。また、記号や数字、アルファベットのどれを使う場合も、**その意味を注釈として表などの下につけておきましょう**。

　なお、どうしても記号を使いたいと思う場合もあるかもしれませんが、**大抵の記号は「全角文字」、つまり英語圏の一般的なコンピュータでは文字化けする可能**

性がある文字です。その意味でも、紙に印刷して配布するのでない限り、◎や○、△、×を英語圏向けの資料に使うことは断念したほうが安全です。某レストランガイドのように、半角文字の＊（星印）の数を並べるのは、問題ありません。

■おまけ その２：階数を表す略語

階数を表すＦやＢは
日本独特のローカルな表記方法

　日本人は、省略して短く言うのが好きです。建物の「３階」や「10階」は、**3F、10F**と当たり前のように書きます。「地下１階」なら**B1**でしょう。数字とアルファベットしか使われていないので海外でもそのまま使えると思うかもしれませんが、残念ながら、これは**日本ローカルな表記方法で、英語圏の方には通じない**ことが多いです。

　私の経験談ですが、地図に行き先の建物をマークして渡して、「ABCビルの３階」という意味で 3F, ABC Bldg. などと書いたメモを添えた時、相手から「このビルは、この地図の３のＦの場所にあるの？」と聞かれたことがあります。ガイドブック等で、店舗などがどの場所にあるかを示す目的でよく付属の地図の縦と横に１〜の数字とA〜の英文字が振ってあることがありますよね。それのことだと誤解されました。このようなことが起こったのは一度や二度ではありません。そのくらい、この「3F」は階数の表記として一般的ではないのです。その後、改めて海外企業のウェブサイト等で所在地の表記を確認してみると、3Fなどと書いてあるものは皆無でした。

　代わりに、どう書けばよいのでしょうか。スペースが十分にあれば**3rd Floor**、略して**3rd Fl.** や**3rd FL.** でもよいでしょう。いずれにしても、3Fでは通じません。こんな下らないレベルの誤解で、双方のコミュニケーションの貴重な時間を無駄使いしないよう注意しましょう。

　これに限らず、相手の文化でよく使われているスタイルの表記で書いてあげることが、最も伝わりやすい文になることをよく念頭に置いておきましょう。

　ちなみに、米国の階数の数え方は日本と同じで、一般的に、路面からそのまま入ったところをビルの１階としますが、イギリスや旧英連邦の国々では違います。**日米で言う１階は、旧英連邦ではＧ（ground floor）、私たちの２階が彼らの１階**です。

同様に、長さや面積、重さなどの単位は、国によって異なります。最近は、オンライン上で単位変換の計算を即座に行えます。相手の文化で一般的な度量衡による数値も併記してあげると、読み手に親切でしょう。

ここまでの説明を参照しながら、下記の問題をやってみましょう。

＊ 単語の本質を考えながら英文を書く

例題12： 下記の意味の英文を作りなさい。

1. その年は、弊社は営業目標を達成できた。
2. 会議の翌日の新幹線「のぞみ」の普通席を4人分予約した。
3. 1ヶ月後、まだ機械が問題なく動いているか、確認しに来てほしい。
4. 会議中のランチ用にサンドイッチを手配してほしい。普通のサンドイッチで構わない。

解答例と解説

1. We **achieved** the sales target that year. または
   We **were able to** achieve the sales target that year.

   couldを使わずに、achievedやwere able to achieveといった形にする。

2. I reserved four **standard** Nozomi bullet train tickets for the day after the meeting.

   「普通」をどう表現するか、の問題です。普通席でないのはグリーン席で、「普通席」は高級ではない「標準的な」料金の座席だということが伝わればよいですから、standardとしました。normalでは、言われた側はピンときません。

3. I would like you to come back in a month and **check if** the machine is still working without any problems.

   I would like you to ...の依頼の部分は、別の書き方もあるでしょう。

ここの「確認」は「チェック」の意味となりますので、check を使います。
時間の経過を示す場合に使う前置詞は in です。

4. Please arrange for the delivery of sandwiches for lunch during the
    meeting. They don't have to be **anything special**.

    Please arrange ... の辺りは、別の書き方もあるでしょう。ここでいう
    「普通」は、「別に特別ではなくていい」というニュアンスで言っていま
    すから、not anything special を採用しました。

各センテンスを「もっと伝わる英文」に　④日本的発想からの脱却

コラム② Ms. 加藤の応援メッセージ

"ラテン語的英語"を超えた先にあるもの

　細かい話が続きましたね。お疲れ様でした。また、学校で習ったことと微妙に違う話や、初めて聞く話もあったかもしれませんね。

　私は、日本の学校で習う英語は、大抵の人にとっては、欧州のエリート教育におけるラテン語のようなものだろうと思っていました。古文書や讃美歌を除けば、いくら欧州でも、ラテン語を日常で使うことはほぼなく、その良い成績で賢さを示す手段でしかないでしょう。同様に、1億2千万人を超える国内市場がある日本では、仕事で英語を使う必要がある人はわずかで、文法と語彙の問題でどれだけ高得点を取れるかを競う知能テストと化しているケースが多いでしょう。もちろん、良い点が取れる方にとっては、受験戦争をくぐりぬける良いツールとなったでしょう。

　しかし、英語を実務で使う立場になった皆さんには、得点差や難易度をつけるためのトリックのような文法や語彙はもう要りません。その代わりに必要なのは、言いたいことを誤解なく手短に相手に伝えるための実用的な文法や語彙です。

　本章では、具体的な内容もお伝えしていますが、そこから自分で考えていくためのヒントもご紹介しています。本書が良いとっかかりになれば幸いです。

第3章

伝わる英文を書く技術
～内容や分量に応じて

ここからは英文を組み合わせて「伝わる英文」を作っていきます。
まずは、内容や分量に応じてどんな英文のスタイルがあるか紹介。
さらに、日本語の組み立てから始まるステップ式演習で1～2文
から10行程度の「しっかり伝わる英文」を書けるようになります。

さあ、伝わる英文を書いていこう

　第2章では、意図をどれだけわかりやすく伝えられるか、どう言葉を変えたら誤解を防げるかなど、ひとつひとつの文を書く際に役立つ、いまさら聞けない細かいコツをご紹介しました。

　ここからは、そうやって書いたひとつひとつの英文を組み合わせて、**全体としていかに「伝わる英文」にしていくか**、その「構成方法」をお伝えしていきます。

　なお、書こうとしている**文章のボリュームや内容**によって、書き方が違ってきます。日本語でも、一言だけチャットで書く時と、メールに4〜5行ほど書く時、あるいは2〜3ページの報告書を書く時、厚みがあるような分析レポートを書く時、それぞれ書き方も項目立ても変わってきますよね。英語でも同様です。少しまどろっこしいようですが、まずは、いろんな種類の「構成方法」の全体像をお見せしたいと思います。

　右ページの表を見てください。全体を貫く共通項があることに気づかれたでしょうか。その気づきは、今後どんな文章を書く時にも指針となっていきます。それはどんなものか、これから具体的に見ていきましょう。

1　さまざまなビジネス向け英文の書き方のコツ

　下記は、本書で説明するさまざまなビジネス向け英文の書き方を一覧表にしたものです。共通点を探しながら、見てみてください。

本書オススメ　　　　　　　　　　　　　この本で取り上げる章

No.		文の分量・種類	書く要素とその順序 [　]囲みは段落	特徴、主な用途	章
1		短い文 （1〜2文程度）	結論⇨根拠	ビジネス用途の 一言で書く文章	3-2
2		数行の文章 （数行〜10行）	結論⇨根拠1⇨根拠2 ⇨（根拠3⇨）結論	ビジネス用途の メールやメモなど	3-3
3		数段落の文章	－	－	－
	3-1	5P-Biz （下のFive- Paragraph Essayの ビジネス版）	[結論]⇨[根拠1]⇨ [根拠2]⇨[根拠3]⇨ [結論]	ビジネス用途の提案や報告、 分析など。各段落の中は、 結論⇨根拠/詳細等⇨結論 念押し	4
	3-2	Five- Paragraph Essay	[イントロ]⇨[根拠1] ⇨[根拠2]⇨[根拠3]⇨ [結論]	論文やレポート。各段落の 中は、トピック文⇨根拠/詳 細等⇨結論	5
	3-3	PREP法*	[要点]⇨[根拠]⇨ [事例]⇨[要点]	提案や論文など	3-5
	3-4	SDS法*	[要点]⇨[詳細]⇨ [要点]	質問に対する回答や上司へ の報告など	3-5
	3-5	CREC法*	[結論]⇨[根拠]⇨ [事例]⇨[結論]	PREP法の「要点」を「結論」 に変えたもの	3-5
4		小冊子くらいの文章	[表紙]⇨[前書き]⇨ [目次]⇨[エグゼクティ ブサマリー]⇨[序論]⇨ [本文]〜[本文]⇨ [結論]⇨[後書き]⇨ [巻末資料]	用途や長さによって一部の 要素は省略することも	6

＊＝[　]囲みの要素が必ずしも「段落」になるとはかぎらない。

最後の「小冊子くらいの文章」を除けば、多少のバリエーションはあるものの、どれも「**(何らかの) 要点/結論⇨その根拠や詳細⇨結論**」という流れになっていますよね。特に、文が短い場合は顕著ですね。

やや長い文では、各段落の中も「**要点/結論⇨根拠/詳細⇨結論**」の構成になっており、そういう「段落」を「**要点/結論⇨根拠/詳細⇨結論**」の順に複数並べます。最も長い「小冊子」パターンでは、そんな「段落」を複数入れた「セクション」を、「**要点⇨根拠/詳細⇨結論**」という大きな流れに乗せて構成しています。フラクタル図形という、細部をどんどん見ていっても常に同じ構造になっている図形がありますが、長文はまさにああいう**入れ子構造**になっています。

つまり、**長さによって書き方の「詳細は違う」**のですが、「**基本は同じ**」なのです。

本章では、全ての基本となる「**結論や要点から書き、その根拠を語る**」書き方について、まず「短い文章」の例で学習します (前ページの表の No. 2まで)。これがすらっと書けるようになったら、あとはそれを組み上げて似たような構造を大きなサイズで作っていくだけです (入れ子構造を思い出してください)。

本章ではさらに、中学や高校の英語、つまり大学受験までの間にあまり習わなかった英文の書き方の「お作法」など、**大人が英語を書く場合の注意点や要素を紹介**します。これらは、もっと長い文章を書く時にも役立ちます。

表のNo. 3以下のもっと長い文章の書き方のコツは、第4章以降で説明していきます。

2　短い文を書く時のコツ

数文程度の英文を伝わる説得力あるものにするコツは、3つだけです。

① **要点を最初に書く**
② **その後に、理由や詳細などを書いて、要点の説得力を高める**
③ **重要度が低い情報は、できるだけ省く**

たったこれだけです。
順番に説明していきます。

① 要点を最初に書く

　要点を最初に書く理由の１つは、これが欧米のビジネスシーンでの一般的なコミュニケーションスタイルだからです。もちろん、**これが常に当てはまるわけではありません**。例えば、丁寧かつ格調高いご挨拶状では、英文でも前置きから長々と書いたりします。また、友人相手など、社交が目的のコミュニケーションでは、コミュニケーション自体が目的なので、話の論理の筋道などを意識する必要はあまりないでしょう。

　しかし、**ビジネスシーンにおける実務的なコミュニケーション**は、こちらの意図を端的に伝え、それによって相手を説得したり、依頼した通りに動いてもらったりするのが狙いです。「何をしてほしいか」や「メインポイントは何か」が明確で、「なぜそうなのか」が説得力をもって伝わる限り、長々とした前置きは不要です。

┃要点を見極め、伝える順序を確認しよう

　また、最初に結論を伝えるのは、心理的にも意味があります。口頭でのプレゼンでは最初の30秒〜数分程度の間に語る内容が最も印象に残る、とよく言われますが、文書でも、書いた通りの順序で読んでもらえる限り、冒頭部分が最も記憶に残ります。特に、**相手が多忙なVIP**なら、まず**冒頭に要点を伝えるべき**です。彼らは、その短い間に、その続きを読むべきかを判断するからです。

　さて、みなさんは、最初に要点を伝えることがスムーズにできるでしょうか？日本人はこれが苦手だと言われたりします。次の例題で確認してみましょう。

段階を踏めば、必ず書けるようになるよ

＊ 冒頭にはどんな文を入れるべき？

例題13: 以下の文を、**英語圏の人にとってわかりやすい順序になるよう、文単位で並べかえなさい**。なお、文頭にある接続詞など、文と文をつなぐ言葉は、自然な流れになるよう、削除したり、別の文につけたり、新たなも

のを追加したりして構わない。

The quote for your system was reasonable. In addition, it has an important function we need. Another good point was the operational screen – we can choose Japanese. Therefore, we chose your system.

ヒント 「要点」を先に書きます。この文章の「要点」はどの部分でしょうか。

(参考訳：貴社のシステムのお見積は妥当でした。さらに、弊社が必要とする重要な機能がありました。もう1つ良かったのは操作画面の言語です。日本語が選べます。そのため、貴社のシステムを選びました)

解答例

We chose your system. That's because the quote for your system was reasonable. In addition, it has an important function we need. Another good point was the operational screen – we can choose Japanese.

解説

　上記の内容の中で最も伝えたいのは「貴社のシステムを選びましたよ」という部分なので、これを最初に書きます。どの部分が要点か、迷った方は、こう考えてみましょう。「通信手段が高額な衛星電話しかなく、相手に一言しか言えないとしたら、何を言うか」。今回の場合は「貴社にしましたよ」ですよね。

　上の解答例を見て「ストレートすぎるのでは」「もっと丁寧にしたい」と思った方もいるかもしれませんが、その感覚は、日本的です。グローバルな視点で見れば、「結論から語る」方法には「丁寧な長い文」より多くのメリットがあります。

　「結論から語らない」文は、結論部分を読むまで、何を言いたいかがわかりません。**誰もが忙しい現代社会では、最後まで読まなければ要点がわからないメールや文書は、読み手の時間を奪うため、嫌われます。**特に実務的な文書では、解答例のようにストレートなほうが、意図が伝わりやすく、喜ばれます。

　また、実務的なコミュニケーションでは、上記の解答例のように要点や結論を先に伝え、根拠や詳細などをその後に書くのが、欧米では一般的です。

欧米で大学を出ているような人たちは、子供の頃から、結論を最初に伝えてその後に根拠を伝えるよう教わっています（詳細は後述）。そのスタイルに乗せたほうが、彼らには伝わりやすいのです。

　また、英語は国際語です。ノンネイティブの人も世界中に大勢います。皆さんの取引先が英語を使っているからといって、ネイティブとは限らないのです。**お互いがノンネイティブの場合、凝りに凝った文章よりは、シンプルに要点がわかる文章のほうが、両者の間に誤解が起こりにくく、仕事も確信をもって進めることができます。**それに、万一書いた英文のどこかに間違いがあった場合も、要点から端的に語っていれば、主旨は最初に伝えてあるので、全体の意図が誤解される確率は低くなるでしょう。

　さらに、読む側の感情を考えても、上記のような良い話ならなおさら、結論から入るほうが読まれやすくなります。読む側としては、まず良いニュースを知って、その詳細を読むことになるからです。

　もちろん、ここまでお伝えした内容は、「実務的」な文章の場合に限っての話です。例えば**その文章の第一の目的が「相手を敬っている」ことを伝えることなら、書き方はまったく変わってきます。**社交的または儀礼的な文書などでは、欧米でも丁寧で婉曲的な長い表現を使います。しかし、最近はそういう表現が必要な場面はどんどん減っています。また、元々欧米では、日本社会ほど、いつでも誰にもどんな場面でも「丁寧さ」や「礼儀」を重視するわけではありません。

　ただし、**悪い話を伝える場合だけは、状況が異なります。**ストレートに結論を伝えると相手にショックを与えてしまい、関係悪化や極端な反応が見込まれる場合があるでしょう。そんな時は、まるでクッションを置くように、前置きや関連ある他の話から入ったり、相手が快適に読める内容から始めて丁寧に切り出したりするなど配慮します。日本語でも同様ですよね。これについてはおそらく世界共通です。

　こうした例外はあるものの、わかりやすく内容を伝える実務的な英文を書くには、まず結論を伝えるのが鉄則です。

② 要点の後に、理由や詳細などを書いて、要点の説得力を高める

さきほどの例題では、結論を伝えた後に、理由や詳細を述べていました。欧米では、根拠や詳細を必ずと言ってよいほど伝えます。なぜでしょうか。

それを理解していただけるよう、2つの例文をご紹介しましょう。

> **例文1：** We would like you to attend the Friday meeting.

おそらくメールの中の1文でしょう。「金曜のミーティングに参加してほしい」と言っています。これを受け取ったら、どう思いますか。「どうしようかな」「金曜は忙しいから難しいかな」などと迷うかもしれません。

では、次の文ならどう感じるでしょうか。

> **例文2：** We would like you to attend the Friday meeting because we need your feedback on the prototype.

前半は例文1と同じです。その後に、なぜ会議に出てほしいのか、その理由が追加されています。「あの試作品に対するあなたのコメントが聞きたい」、だから「出てほしい」と言っています。

これを読むと、少しぐらっときませんか？ 「自分のコメントが必要とされている。それならば、少し時間を作って出てみようか」と思うかもしれません。

▌言葉だけが頼りの社会では必ず「根拠」が必要

このように、「なぜこれを頼んでいるのか」を少し説明するだけで、**ぐっと説得力が高まる**のです。これは、やらない手はありません。

しかし、日本では、論文などを除けば、毎回その根拠を説明する習慣はあまりありません。なぜでしょうか。「言い訳無用」と言ったりするように、日本では理由を説明しすぎるとあまり高く評価されない傾向があるのかもしれません。

また、ここで第1章の「ハイコンテクスト」の部分を思い出すと、こんな可能性も考えることができます。**共通の「文脈」を持つ人が多い日本社会では、その場のほぼ全員が同じ情報を持ち、それに対する判断もほぼ同様と見なされがちで、根拠を説明する必要性を意識しにくい。**そこを敢えて説明すると、何か裏の理由が

あると誤解されかねない。つまり、何か別の目的があるのではないか、また理由を説明しなければならない切実な事情があるのではないか（例：失敗したが、自分が原因ではないと上司に伝えたい）、など。

　しかし、**海外**ではどうでしょうか。多様なバックグラウンドを持つ人が集まる社会において、彼らは言語を第1の共通のツールとしてコミュニケーションを行っています。**言葉で「わざわざ」説明しないと機能しない社会**なのです。世界では、むしろそういう国のほうが多いのです。英語を使う時は、そういう社会に暮らす人たちを相手にしているということを、ぜひ一度思い出してください。

　彼らの文化圏では、しばしば「必ず根拠を説明すべき」と教えられています。それをしないことは「手を抜いている」「相手を軽く見ている」という印象を持たれる可能性すらあります。

　このように、相手から特に質問がなくとも、あらゆる言説に必ず何らかの根拠を提示しておくようにすれば、常にきちんと説明してくれる人だという印象になります。これが本来のアカウンタビリティ（accountability）です。これを**し続けることで得られるポジティブな印象の「貯金」**は、少し無理なお願いをしなければならなくなった時に効いてくるかもしれませんね。

▎理由や根拠＝「納得感」を強化できる一言を

　なお、理由や根拠の説明って、難しいな、と思うかもしれません。「根拠」などと言われると、「いやいや、数字やデータ、権威のある人の言葉など、そんな特別な情報は持ってない」「データや数値で言えるような内容じゃないから何もないよ」と思ったりしませんか？　ご安心ください。**そんな大げさな「根拠」がいつも必要なわけではありません。**

　例えば、次回の会議の日程を打診する場面だとしましょう。プロジェクトの進捗を踏まえると来週の水曜がベストで、メールやオンライン会議ではなく、対面でやりたい事があるので、そのように誘導したいという状況だとします。「来週の水曜はいかがですか」。これだけでは、相手から「来週は都合が悪いので、再来週にしましょう」や「会議が必要ですか？　メールで連絡取り合いましょうよ」といった返事が来てしまう可能性があります。しかし、例えば「来週の水曜はいかがですか。火曜に新しい試作品ができ上がってきます。実際に見ていただける最も早い機会となります」なら、どう感じるでしょうか。このように、最初に書く要点の「納得感」

を強化できる内容なら、何でもOKなのです。

　要点を伝えた後、その説得力を高められる話をあと一言、追加するのです。例えば、「依頼」ならその「理由」を、「分析結果」のポイントを伝えるならその「根拠」を、新たな「戦略」の共有ならその「詳細と背景」を、伝えましょう。このようなちょっとした内容の追加で、ぐっと説得力が増します。

　なお、根拠らしい内容が端的に書かれている場合は、**必ずしもbecause ...という言葉を使う必要はありません**。日本語でも、要点の後にすぐ根拠を述べる場合は、「だって」や「なぜなら」を言わないことも多いですよね。例えば、「彼は大金持ちで現代アートが大好きです。自分の名前のついた美術館を持っているんです」と言う場合、2文目にbecauseに当たる言葉が入っていませんが、2文目が1文目の根拠だと、はっきり伝わりますよね。形にこだわらず、内容がうまく伝わる限り、シンプルにしておくのも一つの方法です。

　では、ここまでの内容を踏まえて、下記の例題をやってみましょう。

＊要点を冒頭に置いた英文を書く

例題14： せっかく水曜に設定した会議が、次のような事態になった。このことを伝えるメッセージを書いてみよう。

・試作品の品質をチェックしたところ、想定外の問題を発見した。

・あなたに試作品を見せる前に、工場側で問題を解消してもらおうと考えている。

・ついては、会議は月末まで延期したい。

　ヒント 上記の中で「要点」はどれでしょうか。

_____

_____

_____

_____

解答例

Could we postpone the meeting until the end of this month? We've checked the quality of the prototype and found an unexpected problem. Therefore, we would like the factory to rectify that before we present it to you.

解説

「要点」はもちろん、「会議を月末まで延期したい」です。上記はあくまでも解答「例」ですが、要点を最初に書き、その後に背景事情や意図をきちんと伝えることができたでしょうか。

③ 重要度が低い情報は、できるだけ省く

「要点」やその「根拠となる情報」が「書くべき」内容だとすれば、「書くべきでない」のはどんな内容でしょうか。それは、「書かなくてもわかる情報」や、「省略しても"要点"やその"根拠"にほとんど関係のない情報」です。

例えば、双方で「あれ」といえば何のことかわかっているものをくどくどと形式的に書く必要はないでしょう。次の例題をやってみましょう。

✳ より親切な文とは？

例題15: 書き手と読み手の間に、「金曜の会議」といえば「部門内のあの定例会議」だという共通認識がある場合、読み手に親切な文はどちらだろう。

(a) We would like you to attend the Friday meeting.

(b) We would like you to attend the regular divisional meeting usually held on Friday at the conference room.

解答と解説

情報をフルに書いている(b)は、内容が確実に伝わるので、書く側としては安全策でしょう。これを読むのがその部署に配属されたばかりの新任者なら(b)が親切でしょう。しかし、相手が、「金曜の会議」といえばあれね、

とわかっている場合は、(a)で十分ですね。例題15では、共通認識がある場合という設定でしたから、**答えは(a)**です。

　the Friday meetingと言えば済む相手に(b)を送ってしまうことには、デメリットがあります。まず、文が長い割に内容が薄いと感じられてしまいます。1文だけならまだよいですが、数行にわたってこのスタイルで書かれていると、読む側は煩わしく思うでしょう。

　また、あえて長々と書いてあるせいで、誤解も生じかねません。例えば、「金曜の会議と言えばわかるのに、なぜ長々と書いてるんだろう。もしかして自分が知っている定例とは別の会議が金曜に行われているのか?」といった余計な疑念さえ生んでしまいます。

参考訳:
(a) 金曜の会議に出席していただきたく思います。
(b) 通常金曜に会議室で開催される事業部定例会議に出席していただきたく思います。

　この例からわかる通り、**相手にとって必要十分な情報だけに絞って、ストレートに通じる書き方**を常に選択していくことは、とても親切な書き方です。書く側が「保険」と思って"念のために"追加する無駄な情報は、そのメッセージ全体の価値と効率を下げ、忙しいVIPには読まれないメッセージになってしまいます。これとは逆のスタイルを採用し、ぜひ「わかりやすい」「読みやすい」と言われる人になってください。

要点がすぐわかるようになったら、
上司の「一言でいうと何?」にも即答できるよ

　数行程度の短い英文を書く際に、それが読み手にきちんと読まれ、内容がするっと伝わるようにするためには、下記の３つのコツがあるとお伝えしました。

① 要点を最初に書く

② その後に、理由や詳細などを書いて、要点の説得力を高める

③ 重要度が低い情報は、できるだけ省く

　この３つの理解度チェックのため、例題を３つやってみましょう。まずは３択です。

＊ 出張報告の冒頭に書くべき文とは？

例題16： あなたは、先週の出張報告を書いている。提出先は本部長だが、役員も見る可能性がある。**「出張報告書」というタイトルの直後にどんな文を書くべきだろうか。** 以下のうち、自分が書くものに最も近いものを選びなさい。

(a) This is the report of my business trip last week. The details are the following:

(b) Date:　　Thursday, November 24, 2021

　　Place(s): Kumamoto Factory of ABC Corporation

　　Purpose: Review of their capability, quality assurance practices, etc.

(c) Last Thursday, we visited ABC Corporation's Kumamoto factory for a review and concluded that the factory could meet our quality requirements. The details of the visit, including how we checked and how we came to our conclusion, are explained below:

解答例と解説

　私なら (c) を選びます。なぜ (a) や (b) を選ばないのか、それを説明しましょう。

　まず、(a) は、「先週の出張報告です。詳細は次の通り」というだけで、具体的な情報がなく、読み手にとっては、この先を読み進めるべきか、判断材料がありません。また、ここで言う「詳細」が非常に長い場合にこう書い

てしまうと、「そちらで全部読んで、要点を読み取って」と放り投げている
ような形になってしまいます。読み手が非常に多忙なら、よほど重要案件
の待望の報告書でない限り、ここで興味が他の件に移ってしまい、この文
書は読まれずに放置される可能性もあります。

　(b)は、出張報告書の途中のどこかに事務的に書くものとしては良いです
が、冒頭に置くほどの重要性はありません。

　(c)は、上司に「出張行ったんだって?　どうだった?　簡単に説明して」
と言われたら口頭で答えるような内容と同じですね。このような**要点が、
冒頭でしっかり簡潔に書いてあれば、忙しい読み手も、その後の詳細を読
むべきか判断できます。**「詳細は自分で読んで」と放り投げるスタイルより、
よほど読み手に親切だということがわかります。

参考訳：
(a) これは先週の出張の報告である。詳細は以下の通り：
(b) 日付：2021年11月24日（木）
　　場所：株式会社ABC 熊本工場
　　目的：彼らの能力、品質保証実践等の確認
(c) 先週の木曜日、我々は株式会社ABCの熊本工場を視察訪問し、この工場は我々の品質要件を
　　満たすことができると結論づけた。どのように確認し、どのような結論に至ったかを含め、訪
　　問の詳細を以下に説明する：

忙しくてあまり読む時間がない人に
向けて送る文章って、どう書く?

■ 要点＋補足情報を見極めて書く練習

　次の例題では、実際に英文を書いていきます。まず例題の全体をお見せし、その答えを見つけていくプロセスをサブタスクとして段階的に進めていきましょう。

● 取引先に仕切り直しのメールを書きたい

例題 17： あなたはこれから、しばらく取引のなかった海外の取引先XYZ社の担当者に、下記の内容を含む英文メールを書くところだ。どんな風に書くだろうか。直訳するのではなく、適切な順序を考えて、書いてみよう。

・弊社は昨年、スタートアップ企業のABC社へ出資し、共同で画期的な新製品を開発した。来月、正式に発売する予定である。
・以前の弊社の製品では貴社（XYZ社）の要望に応えられなかったが、来月発売の新製品はそれとは異なり、貴社の要望に応えられる。
・ついては、新製品の説明会を設定させてほしい。

　いきなり上記をするっと書ける方は、おそらくこの本を読んでいないと思います（笑）。ご安心ください。これから上記のタスクを下記の4段階に分けて取り組んでいきます。

　　① **要点がどれか見極める**
　　↓
　　② **要点以外の部分がどんな役割か、確認する**
　　↓
　　③ **英文の構造で日本文を書いてみる**
　　↓
　　④ **英語で書く**

　最初は、要点を見極める例題です。

① 要点がどれか見極める

例題17-1：例題17のメールの内容で、英文の冒頭に書くべき、**最も重要な部分**はどこか。その部分を日本語のまま書き出しなさい。

_____

_____

解答と解説

　正解は「新製品の説明会を設定させてほしい」の部分です。

　ここで尋ねているのは、**書き手が読み手に伝えたい内容のうち、最も重要な内容はどれか**、という話です。それでもピンとこない場合は、こう考えてみましょう。もし（X・旧Twitterのように）**書けるスペースが限られていて、1文しか書けないとしたら、何を書くでしょうか？**

　もし「出資した」話を書くなら、それは「出資した話を情報共有する」だけのメールになってしまいます。その目的でメールを書いていますか？　違いますよね。

　「以前は期待に応えられなかった（申し訳ない）」の話でもないでしょう。謝罪に近い内容がメインになるほど、ひどいことをしたでしょうか。そうではありませんよね。

　では「貴社の期待に応えられそうな新製品ができた」話でしょうか。だいぶ近づいてきました。でもこれもまだ情報共有ですよね。そうではありません。今回のメッセージでは、明らかに相手のリアクションを期待しています。

　「製品の紹介をさせてほしい（興味ありますか？）」、これです。これが今回、最も伝えたいことです。

　このように、ほとんどの場合、日本語で書くと最後の部分が最も重要になるのが自然であり、反対に英文では最重要部は冒頭に来ます。こういう順序の逆転がよく起こります。

　そのため、英語でどの内容を冒頭に書くべきか、日本人がそれを見極める際に

最も簡単なコツは次の通りです。

　同じ内容で書いた日本文の「最後」の部分をまず見て、それが確かに最重要なら、それを英文の冒頭に書く。

　次のサブタスクでは、結論以外の各部分が果たす役割について考えてみましょう。

② 要点以外の部分がどんな役割か、確認する

例題17-2： 例題17-1で答えた要点以外の部分は、今回書く英文の中で、それぞれどんな役割を果たすだろうか。A〜Dがそれぞれ①〜④のどれに当たるか、答えなさい。

A. 弊社は昨年、スタートアップ企業のABC社へ出資し、共同で画期的な新製品を開発した。
B. 来月、その新製品を正式に発売する予定である。
C. 以前の弊社の製品では貴社の要望に応えられなかった。
D. 来月発売の新製品はそれとは異なり、貴社の要望に応えられる。

① 情報共有（未発表の情報の詳細）
② 情報共有（過去の経緯）
③ 情報共有（近い将来の予定）
④ 情報共有（近況）

解答

A-④、B-③、C-②、D-①

解説

　これは、皆さんが正答されただろうと思います。念のため、解説します。

　Aは、去年の話で、しばらく取引がなかった読み手にとっては新情報かもしれませんので、「近況」報告に当たります。**B**は、近い将来の予定の共

有ですよね。Cは、過去の経緯です。過去の経緯に言及すると、「その件も把握しています。その前提でこれを書いていますよ」という暗黙のメッセージになりますね。Dは、未発表の新製品について、相手企業にとって重要な意味を持つ可能性のある内容です。

　ここまでで、今回書く内容すべてを把握できたものと思います。次は、英語らしい展開になるような日本文を作ってみましょう。

③ 英文の構造で日本文を書いてみる

例題17-3： 下記の内容（再掲）が伝わるメールを、英語らしい（英語にしやすい）順序で日本語で書きなさい。宛名や挨拶の部分はここでは省略して本文のみ書き、「ですます」調で、相手がそのままスムーズに読めるような形で書くこと。表現の変更や文中の順序の変更、内容の多少の追加や重複は自由に調整して構わない。

・弊社は昨年、スタートアップ企業のABC社へ出資し、共同で画期的な新製品を開発した。来月、正式に発売する予定である。
・以前の弊社の製品では貴社（XYZ社）の要望に応えられなかったが、来月発売の新製品はそれとは異なり、貴社の要望に応えられる。
・ついては、新製品の説明会を設定させてほしい。

解答例

　弊社の新製品をご紹介する機会を設定させていただきたく、本メールを書いています。弊社は昨年、スタートアップ企業のABC社へ出資し、共同で画期的な新製品を開発しました。その製品を来月、正式に発売する予定です。以前は、弊社の製品では貴社のご要望に応えられませんでしたが、来月発売の新製品はそれとは異なり、貴社のご要望に応えられます。ついては、お会いしてご紹介させていただきたく存じます。

解説

　お気づきでしょうか。元々の例題17の囲みにある文言を「ですます」にして、末尾にあった内容（＝結論）を最初と最後で（表現は変えましたが）繰り返しているだけです。これでいいの？と思われた方、これでいいのです。

　冒頭にはメインポイントを書いて主旨を伝え、最後にもう一度書くことで念を押すのです。つまり**日本語では、経緯説明→結論** だったものが、**英語では、結論→背景説明（→再度念押し）**、となるだけです。

　なお、結論を書く際、**最初と最後で表現を「変えました」**と書きました。英語でこうする理由を説明します。

　日本語では、同じものを指す時は同じ言葉を使い続けることが多いですが、英語では、（契約書など、特定の表記が特定の意味で使われるために同じ表記を繰り返す必要がある場合を除き）、まったく**同じ表現を繰り返し使うことを嫌う**傾向があります。同じ表現を避け、別の表現で言い換えるのは、英語のある種の「お約束」として、彼らは小さい頃から慣れ親しんでいます。そのため、私たちが同じ表現を使い続けて言い換えをしないと、そういう英語の「お作法」を知らないのだ、と思われてしまいます。注意しましょう。

次は、これを英語にしていきます。

④ 英語で書く

例題17-4: 例題17-3で書いた日本文を英文にしなさい。（再掲）

　弊社の新製品をご紹介する機会を設定させていただきたく、本メールを書いています。弊社は昨年、スタートアップ企業のABC社へ出資し、共同で画期的な新製品を開発しました。その製品を来月、正式に発売する予定です。以前は、弊社の製品では貴社のご要望に応えられませんでしたが、来月発売の新製品はそれとは異なり、貴社のご要望に応えられます。ついては、お会いしてご紹介させていただきたく存じます。

_____

_____

_____

_____

_____

（単語の参考例：すべての語を使う必要はありません。また、別の語句を使っても構いません）

設定する＝set up／機会＝opportunity／新製品＝new product／紹介する＝introduce／投資する＝invest／スタートアップ企業＝a startup／画期的な＝innovative／共同開発する＝co-develop／正式に＝officially／発表／発売する＝releaseまたはlaunch／要件を満たす＝meet one's requirements／異なる＝different／詳細＝detail／説明する＝explainまたはshowなど

解答例

I am writing this email to you because I'd like to arrange a demonstration of our new product. We invested in a startup named ABC last year, and we co-developed an innovative new product. We are going to officially launch it next month. Last time, our product didn't meet your requirements, but the

new product is different and does meet them. We'd like to set up a meeting
to show you the product details.

スムーズに書けたでしょうか。

〈「取引先への仕切り直しのメール」の別パターン〉

ここで参考までに、**例題17-4の別バージョンの解答例**として、もう１つのパターンを示しておきます。

解答例２

I am writing this email to you because I'd like to arrange a demonstration of
our innovative new product, which is to be released next month. Last year,
we invested in a startup named ABC, and we co-developed a product with
them. Our product did not meet your requirements last time, but this new
product is different from the last one and does satisfy your criteria. We
would like to set up a meeting to show you the details. Could you kindly
advise me when it would be convenient for you?

（来月発売する画期的な新製品をご紹介する機会を持たせていただきたく、これを書いております。
昨年、弊社は、ABCというスタートアップ企業に出資し、製品を彼らと共同で開発しました。前回
はご要望にお応えできませんでしたが、この新製品は異なるもので、貴社の要件を満たせます。
詳細をお伝えする会議を設定させていただきたいのですが、いつがご都合がよいか、教えていた
だけないでしょうか）

　解答例２は、来月発売であることを最初の１文にくっつけて書いているなど、例題17-4の解答例とは微妙に異なります。このように、**唯一の正解はなく、他にもさまざまな書き方**がありえるでしょう。

　でも必ず守るべきなのは、最も伝えたい２点——「新製品が出ます」「その紹介の場を設定させてください」を盛り込んだ文を冒頭に書いて、きちんと主旨を伝えることです。「**最初に書いてある内容がメインポイントだと解釈されてしまう**」という点を忘れないでください。

　そして、解答例２では、最後に再び「会議を設定したい」だけでなく、具体的に「いつが都合がよいか教えてほしい」と伝えて締めくくっています。**このメッセージを**

読んだ後に何を返信すればよいのかが**明確**なので、読み手にとって親切ですね。(製品に関心があれば)都合のよい日程を返信してくれるはずです。

▎要点＋補足情報＋不要部分を見極めて書く練習

もう1つ、例題に取り組んでみましょう。

●大型新製品について見込み顧客の需要を探りたい

例題18

状況：

あなたは今朝、開発中の大型の新製品Xに対する需要を探るべく、見込み顧客のA社と面談し、ヒアリングを実施した。A社と同様の企業は他にもあり、いくつか面談のアポイントが取れている。下記は今朝の面談であなたがとったメモで、これを基に、上司に簡単な報告メールを送るところである。

———

Memo

2023年3月22日（水）11:00訪問

A社　本社　製造本部　Smith氏

新製品Xの性能等を説明→関心度高い

やや劣る競合製品を全国で300台使用中

この性能が出るなら徐々にXに切り替えてもよい

———

あなたなら、上司への報告メールをどう書くだろうか。メール冒頭の簡単な挨拶が終わった後の本文の部分を書きなさい。

こちらも例題17と同様に、これから上記のタスクを下記の4段階に分けて取り組んでいきます。

① 要点がどれか見極める
↓

② 要点以外の部分がどんな役割か、確認する

↓

③ 英文の構造で日本文を書いてみる

↓

④ 英語で書く

最初は、要点を見極める例題です。

---

①要点がどれか見極める

例題18-1： 上司へのメールで冒頭に伝えるべき要点は何か、一言で書いてみよう。

_____

_____

解答例

例1：A社は新製品Xへの関心が高い

例2：新製品Xに対する需要は大きい（可能性がある）

解説

　上記のどちらでも、このメールの要点の正解になりえます。それは、**相手（上司）が何を求めているか、による**からです。

　もし上司が、このA社の反応がどうだったか、それを心待ちにしているほど、この面談の結果を重視しているなら、例1をまず伝えてあげるべきでしょう。

　もし上司は個別企業の反応をそれほど意識しておらず、全体としての需要の度合いを気にかけているなら、例2のほうがまさに上司の疑問に答える形となるでしょう。

ここでは、いったん後者（上司の関心は全体としての需要度合い）のパターンを想定し、例2を要点として書くとして、次へ進みましょう。

---

② 要点以外の部分がどんな役割か、確認する

　例題18-2： 例題18-1で答えた部分以外は、今回書く英文の中で、それぞれどんな役割を果たすだろうか。A〜Iがそれぞれ①〜③のどれに当たるか、答えなさい。

A. 面談は今朝実施した
B. 詳しい日時は、2023年3月22日（水）11:00
C. 面談相手は、A社の製造本部のSmith氏
D. 面談の目的は、製品Xの需要を見極めること
E. A社は見込み顧客の一社
F. 他社にも同様の面談のアポが取れている
G. A社は競合の製品（性能やや劣る）を全国で300台使用中
H. A社は新製品Xに強い興味あり
I. 新製品の性能が説明通りなら、A社は購入意向あり

① 要点を支える根拠・詳細
② その他の補足情報
③ 不要（今回のメールには記載しない）

解答例

①GHI　②ADEF　③BC

解説

　ひとつひとつ説明していきます。
　Aは「直近の出来事の報告だ」という意味では、補足情報として入れる

価値はあるでしょう。ただし、「製品Xの需要が大きい」という要点とは直接関係がないので、②としました。

Bは、詳しい日時ですが、今回は「簡単な報告メール」であり、上司の関心事は「全体的な需要」であると想定するなら、書く必要のない細かすぎる情報と考えられます（読み手の考えによっては、細かい情報を書くべき場面もあります）。そのため、③としました。

Cも、Bと同様の理由で今回は省略できると考えられます。これも、事前に「製造部門関係者に会えるのかどうか」などを上司や周囲が気にしているなら、補足情報として入れることもあるかもしれませんが、「簡単な報告メール」なら不要でしょう。そのため、③としました。

Dは、何のための面談なのか、上司が把握していない可能性もありますので、軽く触れておくのがよいでしょう。そのため、②としました。

Eは①か②か、迷うところではありますが、「A＝見込み顧客」という情報と「製品Xの需要」とは直接の関係はありません。「Aが強く関心を持ってくれた」という情報に加えて考えると重要性が出てくる、という間接的な位置付けなので、②としました。

Fは、A社と同様の企業群だということもあり、今後の面談でさらなる良い情報がもたらされる可能性はありますが、あくまでも今後のアポの予定であり、現時点では具体的に何か良い話があるわけではありません。ただし、良い話が続く可能性もあり、また「今後もアポがあり、積極的に動いている」という個人的なアピール情報ではあります。そのためにも、言及しておくのは悪くありません。そのため、②としておきました。

Gは、A社の需要の規模を示す数字が含まれており、重要な情報です。これをすべて新製品Xで置き換えることができたら、300台の受注となるわけです。そのため、①としました。

H及びIは、「新製品Xの需要は大きい（可能性がある）」という話の直接の根拠といえる内容です。そのため、いずれも①としました。

例題17-2では、すべての内容を書面に盛り込む前提で分類しましたが、今回の例題18-2では「メールには書かない」という選択肢も考えて分類しました。実

際の仕事の場面では、あふれるほどの情報があるでしょう。それぞれの**重要度を見極め、省略すべき情報は勇気をもって落とし、詳細すぎる情報はまとめてサマリーにし、重要なポイントをしっかり語っていく**ことが重要です。

　さて、ここまでで今回書く内容すべてを把握できたものと思います。次は、英語らしい日本文を作ってみましょう。

③ 英文の構造で日本文を書いてみる

例題18-3: 下記の内容（再掲）が伝わるメールを、英語らしい（英語にしやすい）順序で日本語で書きなさい。宛名や挨拶の部分はここでは省略し、本題の部分のみ書き、「ですます」調で、相手がそのままスムーズに読めるような形で書くこと。表現の変更や文中の順序の変更、内容の多少の追加や重複は自由に調整して構わない。
（線で消した部分は、例題18-2で「③ メールには記載しない」とした箇所）

状況：
あなたは今朝、開発中の大型の新製品Xに対する需要を探るべく、見込み顧客のA社と面談し、ヒアリングを実施した。A社と同様の企業は他にもあり、いくつか面談のアポイントが取れている。

───
Memo
~~2023年3月22日（水）11：00訪問~~
~~A社 本社 製造本部 Smith氏~~
新製品Xの性能等を説明→関心度高い
やや劣る競合製品を全国で300台使用中
この性能が出るなら徐々にXに切り替えてもよい

_____

_____

_____

_____

解答例

　新製品Xには大きな需要が見込める可能性が出てきました。今朝、Xに対するニーズ度合いを探るため、見込み顧客A社にヒアリングを実施しました。A社ではやや劣る競合製品を全国で300台使っていますが、新製品Xの性能等を説明したところ、多大な関心を示し、説明の通りの性能が出るなら、既存製品を徐々にXに切り替えてもよいとのこと。今後、A社と同様の企業数社と、同様の面談を予定しています。もしA社と同様の関心を得られれば、全体としてXの大きな需要になりえます。ヒアリングの後、結果をまとめて再度ご報告します。

解説

　例題18-1で見極めた「要点」、つまり「製品Xの需要は大きそうだ」という話を最初に書き、その後、例題18-2で確認した「要点の直接の根拠・詳細」に当たる内容を中心に、「補足情報」も加えて、「要点」を再び書いています。

　最後には、（例題18-2までには出てきていませんが）「上司への報告メール」ならつけておいたほうがよい「今後のアクション」もつけてあります。報告を1社ずつするのではなく、数社分まとまったところで集計して報告する形にしてあるのは、忙しい上司向けのやり方です。これが、細かく報告をあげてほしいタイプの上司なら、別の書き方になるでしょうね。

　いずれにせよ、主旨→根拠や詳細→念押し（＋今後のアクション）、の形になっています。

141

次は、これを英語にしていきます。

例題18-4： 例題18-3で書いた日本文を英文にしなさい。（再掲）

　新製品Xには大きな需要が見込める可能性が出てきました。今朝、Xに対するニーズ度合いを探るため、見込み顧客A社にヒアリングを実施しました。A社ではやや劣る競合製品を全国で300台使っていますが、新製品Xの性能等を説明したところ、多大な関心を示し、説明の通りの性能が出るなら、既存製品を徐々にXに切り替えてもよいとのこと。今後、A社と同様の企業数社と、同様の面談を予定しています。もしA社と同様の関心を得られれば、全体としてXの大きな需要になりえます。ヒアリングの後、結果をまとめて再度ご報告します。

_____

_____

_____

_____

_____

_____

　使う可能性のある単語や表現を先に見ておきましょう（順不同）。

新製品＝new product／需要＝demand／今朝＝this morning／探る＝explore（探索する）またはexamine（よく調べる）／見込客＝prospectまたはpotential customer／競合する企業＝competitor／全国で＝nationwide／〜台＝unit／説明する＝explain／性能＝performance／既存の＝existingまたはcurrent（現在の）／徐々に＝gradually／切り替える＝switch またはchangeなど／同様の＝similar／全体として＝as a wholeやoverall、totalなど／結果＝result／報告する＝report

解答例

The demand for X, our new product, appears to be strong. This morning, I met a prospect, Company A, to explore its needs for X. Nationwide, it is using 300 units of a competitor's products whose performance is not as good as that of X. I explained X's performance, and Company A showed a strong interest and said that it would be able to gradually switch its existing products to X if X does actually perform as well as we say it does. I have other appointments with companies similar to A. If they show the same interest, the total demand for X could be big. After those meetings, I will write up the results and report to you again.

スムーズに書けたでしょうか。

何度かお伝えしているように、これが唯一の解答ではありません。状況や相手（今回は上司）の関心ポイントによっては、書き方も変わってくるでしょう。柔軟に状況を見極めて書いていきましょう。

演習続きでお疲れさまでした。
一息ついて、先を読んでいきましょう

段落の区切りが内容の区切り、うまく使おう

4　「段落」を活用してわかりやすく書く

　ここでいきなり「段落を活用しましょう」と言っても、「何を今さらそんな基本的なことを」と思われるかもしれません。しかし、**英語の「段落」は日本語の「段落」とは意味合いが違う**、と言ったらどうでしょうか。英語では、段落はその区切り方が意味を持つのです。

　国語の授業では、こう習ったかもしれません。「長い文は読みづらいので、適当なところで読みやすいように区切りましょう」。これだけを見れば、段落は「大きな塊の文章を読みやすくするために、ある程度の意味のまとまりで小さく区切る」、つまり「一度に読む量を減らす」ことが役割だと思えてしまいます。しかし本当にそれだけでしょうか。少なくとも英語では違います。そして、**段落の区切り方ひとつで、伝わる内容や伝わり方が変わってくる**こともあるのです。

なぜ1つの「段落」には1つの話題なのか

　英語では、1つの段落（paragraph）には1つの話題だけを書きます。話題が変われば、多少段落が短くても、新しい段落にします。このルールを大前提に、(少なくともそういった英作文の教育を受けた) 欧米の人々は、1つの段落には1つの内容を書くという方式で読み書きすることに慣れています。

　そのため、彼らは、読む時にも「1つの段落には1つの話題しか書かれていない」という前提で文章を読みます。時間がない時には、その英文の各段落を少しずつ拾い読みして、全体の概要をつかむこともあるでしょう。その時、**もし1つの段落に複数の内容が書かれていたら**、どんな問題が起こるでしょうか。

　勘の良い方はお気づきでしょう。その段落の最後のほうに書かれていた**もう一つの重要な内容が読み飛ばされてしまう**可能性があります。

また、何か違和感を覚えて少し読み直して、それが「**全文を読まなければわからない**」文章だとわかった場合、彼らは愕然とするのです。「なんて**時間泥棒な文章だ！**」と。

忙しいVIPたちは、この時点でこの英文への興味を失う可能性があります。なぜでしょうか。要領を得ない文を書く人からのメッセージはあまり重要な内容ではないだろうと思われてしまう可能性が高いからです。より緊急性や重要性の高い別のメッセージへと、彼らの関心は移ってしまうかもしれません。つまり、せっかくメッセージを送っても、**読まれずに放置**される結果になるかもしれないのです。

また、こんな要領を得ない文章の書き手は「**頭の中が整理されていない人**」だという印象を持たれてしまいます。「段落を区切るという程度のことすら習っていないのか」と思われてしまう可能性があります。同じ人が再度メッセージを送っても、もう読まれないかもしれません。

対策は、とても簡単です。**話題が変わったら段落も変える**、これだけです。慣れたら自然にできるようになります。

ここで例題をやってみましょう。まずは、ルールをしっかり体得していただくため、日本語の文章を英語的な方法で段落に区切ることをやってみましょう。

✱ 日本語と英語の段落の違いを確認する

例題19: 下記は、ある人が企画中の社内研修について書いたメールの文で、ざっくり2段落に区切られています。内容を考慮すると、英語の文ならどこで段落を区切るべきでしょうか。

―――

　企画中の社内研修ですが、日程は来年の5月下旬を候補に考えています。以前、4月という案が出ていましたが、5月下旬は、4月の人事異動とゴールデンウィークの後でちょうど業務が落ち着く頃なので、参加しやすいと思います。費用は、一部を経営企画で負担し、残りは受講者数に応じて各部門に負担してもらうことを想定しています。ただし、いくつか問題があります。

　まず、最も参加者が多くなることが見込まれている営業部門ですが、本部長の佐々木さんが部下の研修参加に否定的です。「営業成績の改善に直

結する研修なら話は別だが、今回の内容はそうは見えない」というコメントがありました。説得する方法を部内で検討中です。また、開発部門の鈴木部長も、A社のプロジェクトの納品直前のため、全部員が不参加か、参加者をかなり絞るかのどちらかにしたいと言ってきています。どうしたらよいか、週明けにご相談させてください。

解答例

　企画中の社内研修ですが、日程は来年の5月下旬を候補に考えています。以前、4月という案が出ていましたが、5月下旬は、4月の人事異動とゴールデンウィークの後でちょうど業務が落ち着く頃なので、参加しやすいと思います。

　費用は、一部を経営企画で負担し、残りは受講者数に応じて各部門に負担してもらうことを想定しています。

　ただし、いくつか問題があります。まず、最も参加者が多くなることが見込まれている営業部門ですが、本部長の佐々木さんが部下の研修参加に否定的です。「営業成績の改善に直結する研修なら話は別だが、今回の内容はそうは見えない」というコメントがありました。説得する方法を部内で検討中です。

　また、開発部門の鈴木部長も、A社のプロジェクトの納品直前のため、全部員が不参加か、参加者をかなり絞るかのどちらかにしたいと言ってきています。

　どうしたらよいか、週明けにご相談させてください。

解説

　元の文では、1つ目の段落に、「日程」「費用」「問題があること」という3つの話題が、次の段落に「2つの具体的な問題」「相談のお願い」が入っており、「1つの話題＝1つの段落」ではなくなっています。

　解答例の文では、「日程」「費用」「問題があること＋その1つ目の詳細」「2つ目の問題の詳細」「相談のお願い」がそれぞれ別の段落になっており、内

容別のかたまりになっているため、読み取りやすくなっています。なお、「問題があること」は1文だけで表せるので、「1つ目の詳細」とつなげて1段落にしました。「問題があること」を表す文がもう少し長い場合は、それだけで1段落にするほうがよいでしょう。

　これで、どう段落を区切るべきか、やり方が理解できたと思います。次は、英語でやってみましょう。

✳ 英語の文を段落で区切る

例題20：下記の英文は、段落に区切られていません。内容を考慮すると、どこで区切るべきでしょうか。

———

I am writing this to ask you about the repair of the machine we bought last year. It was working well until recently, but this morning, it suddenly stopped with a big noise and smoke. It didn't explode, but we didn't try to restart it — we left it as it was in order not to cause any further damage. I think the maintenance agreement covers this sort of disorder. Could you arrange a repair for us? It would be very helpful if you could kindly reply to us as soon as possible because we would like to minimize the downtime of the factory.

解答例

　　I am writing this to ask you about the repair of the machine we bought last year.

　　It was working well until recently, but this morning, it suddenly stopped with a big noise and smoke. It didn't explode, but we didn't try to restart it — we left it as it was in order not to cause any further damage.

　　I think the maintenance agreement covers this sort of disorder. Could you arrange a repair for us? It would be very helpful if you could kindly reply to us as soon as possible because we would like to minimize the downtime of the factory.

3章

伝わる英文を書く技術〜分量や内容に応じて

147

（参考訳：昨年購入した機械の修理についてのご連絡です。

　最近まで順調に稼働していたのですが、今朝突然、大音響とともに煙を吐いて動かなくなりました。爆発はしませんでしたが、再起動することはせず、さらなる損傷を避けるため、そのままにしました。

　こうした不具合は、メンテナンス契約でカバーされていると思います。修理を手配していただけないでしょうか。工場の稼働停止時間を最短にしたいので、できるだけ早くお返事いただけると助かります）

解説

　例題の文には、「この連絡の目的（修理について聞きたい）」「故障の詳細」「質問内容の詳細」の３つの内容が盛り込まれています。内容ごとに段落を区切ると、上記のようになります。

　もっと細分化する案もあると思いますが、今回は、１段落のサイズをこれ以上小さくすると１段落＝１文になってしまいます。解答例の１段落目が１文のみなので、２段落目と合体させる案もありますが、**１段落目は「このメッセージの目的」**、２段落目が「故障の詳細」であり、異なる内容が書かれていることを明確に示すため、合体させず、段落を２つに分けてみました。

　もっと気軽な内容ならここまで段落を分けないこともあります。一方で、逆に１文ずつ改行してしまうと、「段落」という概念を知らないように見えてしまい、損をします。**内容単位でまとめるようにしましょう。**

　上記の通り、**内容ごとに段落を明確に区切る**ことで、「筆者は、その部分を１つの話題だと捉えている」ということを示すことができます。それによる効果はとても大きいのです。

　内容単位で段落が分かれていることが明白なので、読み手にとって**楽に理解できる文章**になります。また１段落１話題とわかっているので、**拾い読みもしやすく、時間効率が良い文章**となります。**読み手に配慮した文章を送ってくる書き手は、好感を持たれる**ことが多くなるでしょう。

　書き手にとっても、読み手がスムーズに読んでくれれば、せっかく書いたメッセージが**放置されたり、読み間違いされることが減り**、また、相手が好感を持ってくれれば、その後のコミュニケーションも円滑に進められます。

　段落区切りの重要性、ご理解いただけたでしょうか。英文だけでなく、日本語の文章でも役に立ちます。この後に書く文章から、ぜひ実行してみてください。

各「段落」では、最初に「トピックセンテンス」を

　前のセクションで、内容単位で段落が区切られていれば、読み手は「拾い読みができる」と書きました。確かに、内容ごとに段落がまとまっていれば、読み手は「この段落はこの内容、次の段落はあの内容」と、段落ごとに内容を読み取っていけるので、拾い読みがしやすくなります。

　しかし、英語圏の段落にはもう1つ、**さらに伝わりやすくするルール**があります。それは、**段落の最初の文を「ここには何の内容が書いてあるか」がわかる文に**することです。こうした文を「**トピックセンテンス**」と言います。「トピック」はtopic、「話題」という意味です。

　例題20で使った例文をもう一度見てみましょう。

例題20の解答例（再掲）：

> ① I am writing this to ask you about the repair of the machine we bought last year.
> ② It worked well until recently, but this morning, it suddenly stopped with a big noise and smoke. It didn't explode, but we didn't try to restart it — we left it as it was in order not to cause any further damage.
> ③ I think the maintenance agreement covers this sort of disorder. Could you arrange a repair service for us? It would be very helpful if you could kindly reply to us as soon as possible because we would like to minimize the down time of the factory.

　上記で、各段落の最初の文に下線を引いてあります。下線を引いた文だけを和訳してつなげたのが下記です。これだけで、全体のおよその意味が伝わりますよね。

> ① 去年弊社で購入した機械の修理についてお伺いしたく、これを書いております。
> ② 最近までちゃんと動いていたのですが、今朝、突然大きな音と煙が出て、止まってしまいました。
> ③ この種類の不具合はメンテナンス契約の対象だと思います。

1つ目の文、つまりトピックセンテンスを読むだけで、**1段落目は「修理について の質問」**だな、**2段落目は「故障の詳細」**の説明をし始めたな、**3段落目は「契約の話」**をし始めたな、ということがわかります。

　これは、偶然そうなったわけではありません。**各段落の内容を推察できる文が 段落の最初にくるように配慮して、書いてあるのです。**忙しい人に親切な、わかり やすい、伝わりやすい英文というのは、こういう**拾い読みができる工夫**がされて います。

　段落を区切ることを覚えたら、次は、このように**トピックセンテンスから段落を 始める**ということをやってみましょう。そうすると、もっと長い文章も、わかりや すく伝わる形で書けるようになります。

　また、読む側としてはこのルールを使って、**英文読解にかける時間を短縮でき ます。**つまり、うまく書かれている英文なら、**各段落の最初だけ拾って読めば、長 文でも短時間で概略がつかめる**のです。

5 　要点→根拠／詳細→要点の各種フレームワーク

　本章では、下記のような短い文を書く上でのとても**シンプルな3つのルール**を ご紹介しました。

① **要点を最初に書く**

② **その後に、理由や詳細などを書いて、要点の説得力を高める**

③ **重要度が低い情報は、できるだけ省く**

　さらに、「段落」を活用して意味の区切りを作る方法をご紹介しました。これだ けの非常にシンプルなルールでも、簡単な内容なら十分に説得力をもって伝える ことができます。

　また、プレゼンや報告などを説得力をもって行うためのフレームワークが他にも いくつか知られています。本章の最初の一覧表（p.117）にも入れておきましたが、 これも広い意味でいえば「要点→根拠や詳細→要点」に相当する伝え方です。口 頭でのプレゼンや簡単な報告書で、便利に使えるでしょう。参考にしてください。

① PREP

② SDS

③ CREC

それぞれを説明していきます。

① PREP

PREPは、Point（要点）、Reason（根拠）、Example（事例）、Point（要点）の略です。「要点」の次に説明する「根拠」は、なぜその「要点（結論）」に至ったのか、その理由や根拠となる情報を論理的に説明するものです。「事例」はその根拠を補強する実際の例です。「要点」の「根拠」を説明するだけでも「要点」の納得感を高められますが、実際の「事例」をその「証拠」として紹介することで、さらに補強します。最後に、冒頭に伝えた「要点」を再度伝えて、記憶に残るようにします。

本章で説明した内容にかなり近いものですが、**「根拠」と「事例」の両方を必ず述べるという点が異なります**。相手が手短な説明を好む場合や説明すべき事例情報を持っていない場合には適していませんが、**しっかり説明したい場合やこちらが情報を持ち合わせている場合**には、説得力が増すため、相手を説得する「**提案**」の場面に適しています。

② SDS

SDSは、Summary（要点）、Details（詳細）、Summary（要点）の略で、「要点」の後に書く「詳細」の部分は、**「要点」についてより詳細な（あるいは具体的な）情報を伝える**ものです。こちらは、「提案」よりも、既に質問されていた内容に対する「**回答**」や上司などへの「**報告**」に適しているでしょう。

③ CREC

CRECは、Conclusion（結論）、Reason（根拠）、Example（事例）、Conclusion（結論）の略で、①のPREPのPがC（conclusion）に変わったものです。①よりもさらに「結論」を強調する名称になっています。

英文を書くのに慣れてきたら、目的に合わせてこれらのさまざまなスタイルを使い分けて書いていくとよいでしょう。

超シンプルな "ルール" で楽に速く書けるように

　「何から書くか」「どんな順序で書くか」……これがどれほど重要か、私が最初に気づいたのは、MBAの申請に必要なGMATという試験の勉強をしている時でした。GMATとは、ネイティブの学生も含めてMBA取得志望者なら全員が受験する、いわばどれだけ論理的で知的かを試す試験ですが（英語）、その科目の中に小論文もありました。

　事前準備として問題集を参考にあれこれ書いてみたものの、それらしいものが書けず、時間もかかり、途方に暮れていました。そして、書いたものをネイティブの先生に見せたところ、教わったのが「まず結論から書く」ことなどです。非常にシンプルなルールで「本当にこれだけ？」と最初は驚きましたが、いったんその骨組みで書き慣れたら、あとは、試験問題を見て内容を考えるだけですぐに書けるようになりました。決まった骨組みが身についていれば、説得力のあるそれらしい文章が楽に短時間で書ける！　目から鱗でした。

　第3章では、文章の構成方法にはいろんな種類があること、短い文はどんな順序で書くかを説明しました。第4章以降ではもっと長いパターンでどう書いていくか、具体的に説明していきます。長い文章でも、小冊子レベルでも、どんなものでも書けるようになりますよ。

第4章

5P-Biz：
5段落の英文を
計画的に書く

本章では、ビジネスの現場で最も有効な5P-Bizメソッドを学びます。「1段落に1テーマ」のルール、構成のテンプレート、ネタ作り用のアイデアマップ作りなど、長文ライティングの基盤となるノウハウを身につければ、5段落の説得力ある英文が書けるようになります。

5段落くらいの英文も
プランニング次第で
簡単に書けるようになるよ

　直前の第3章では、結論から語ることの意義や重要性について説明し、10文以内程度の分量の文章をどう書くべきか、そのルールやコツをお伝えし、段落の意義やその区切り方についても学習してきました。

　この第4章では、5段落程度の英文の効果的・効率的な書き方をお伝えします。第3章の末尾で説明した通り、**1つの「段落」に入る主な内容は1つだけ**です。つまり、5段落程度の文とは、主な内容が5つある、そんな文章です。

1　5段落の文章を簡単に書くためのテンプレート

　まずは、5段落程度で書くような英文を、自信をもってサクサク簡単に書けるやり方を紹介していきます（もっと長く複雑な文については第5章以降でカバーします）。

　第3章で学んだような数文程度の文章なら、少し注意を払って、「結論から書く」「段落をうまく区切る」「根拠を述べる」などの工夫をすれば、それらしく書くことはできました。もっと長い文は、そんな工夫だけではうまくいきません。

　5段落くらいある英文は、しっかりした構造が必要です。しかし、それにも便利な方法があるのです。PCなど、コピー＆ペーストができる場面を前提にしていますが、その手順は以下の通りです。

① 最も伝えたい「結論」を最初に1～3文で書き、その後に空行をいくつか入れる
② 最初に書いた1～3文の「結論」を、空行の後にまるごとコピペする
③～⑤空行部分に、「結論」の説得力を高められる「根拠」や「事例」などを書いて、
　　　　間をうめていく（できれば3つ＝3段落、説得力の高いものから順番に。2
　　　　～4段落のケースもありえる）

その後に、下記も行えば、より良い英文になります。

- 上から下まで通して読んで、**論理的に筋が通っているか、読みやすいか、途中で論理からずれていないか**、などを確認して、必要なら直す
- **最初と最後の「結論」が同じ文面なのはまずいので**（理由は後述）、内容的には同じでも文面が多少違うように修正する

　文章の構造としては、前ページからの手順を踏まえて下記の図のようになっています。四角い枠は、それぞれ段落を表します。

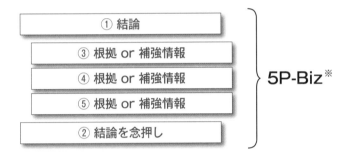

| ① 結論 |
| ③ 根拠 or 補強情報 |
| ④ 根拠 or 補強情報 |
| ⑤ 根拠 or 補強情報 |
| ② 結論を念押し |

5P-Biz※

できあがった文は上から下へと読むことになります。

　「これだけ？」と思うかもしれません。また、「簡単すぎて、複雑な内容には合わないのではないか」と思う方もいるかもしれません。しかし、**シンプルな構造こそ強く、強い構造だからこそ、複雑な内容を入れてもしっかり伝わる**文になるのです。

　※このライティングの手法は5章で紹介する**Five-Paragraph Essay**をビジネス向けにアレンジしたものです。本書では**5P-Biz**というオリジナルの呼称を使っています。

　慣れれば上記の形式でいきなり書けるようになりますが、ここでは、**ステップ・バイ・ステップ**で書いていく例題をやってみましょう。

テーマ **オフィスの移転**

＊ まずは日本語で5段落の文章を書いてみる

例題21： 下記に自由に内容を追加して、日本語で、5段落から成る文章を書きなさい。

(a) Aビルでは、我が社全員分のスペースが取れない。

(b) オフィスの引越し先としては、Bビルを提案したい。

(c) Bビルは、十分な広さがあり、駅に近い。

(d) 賃料は、AビルよりBビルのほうが安い。

　例題21の内容をさらにいくつかのステップに分けていきます。まず、上記のように、伝えたい内容が主に4つある中で、最初に書くべき「結論（要点）」がどれなのか、特定しましょう。

Step 1　書く内容を「結論」と「根拠」に分ける

例題21-1： (a)～(d)はそれぞれ「結論」「根拠」のどちらに該当するか答えなさい。

(a) Aビルでは、我が社全員分のスペースが取れない。　_____

(b) オフィスの引越し先としては、Bビルを提案したい。　_____

(c) Bビルは、十分な広さがあり、駅に近い。　_____

(d) 賃料は、AビルよりBビルのほうが安い。　_____

解答

(a) 根拠　(b) 結論　(c) 根拠　(d) 根拠

解説

　例題の４つの項目の関係性から、「結論」めいたことを言っているのは(b)とわかります。それ以外は、(b)の「根拠」であると考えられます。

次は、この４つを使って、５段落をまずは日本語で書いてみましょう。

Step 2　情報を適切な順番に並べる

例題21-2： 下記を並べ替え、内容に関する詳細情報を自由に肉付けし、最終的に英語にすることも踏まえた、５段落から成る日本語の文を書きなさい。

(a) Ａビルでは、我が社全員分のスペースが取れない。

(b) オフィスの引越し先としては、Ｂビルを提案したい。

(c) Ｂビルは、十分な広さがあり、駅に近い。

(d) 賃料は、ＡビルよりＢビルのほうが安い。

ヒント 最初と最後の２カ所に同じ「結論」を置くため、４つの要素を使って５段落を書くことになります。また、(a)～(d)の順ではなく、適切な順序で書きましょう。

解答例

(b) 私は新オフィスとしてＢビルへの引っ越しを提案したい。ＡビルとＢビルの２つの候補が挙がっているが、Ｂビルのほうを推奨する理由は、次の通りである。**結論**

(d) 第一に、Ｂビルの賃料はＡビルより安い。Ｂビルは、前の借主が予定よ

り早く退去し、早く次の借主を見つけたいようで、相場より安い賃料が提示されている。**根拠1**

(a) 第二に、Aビルでは、我が社の従業員全員分のスペースがとれない。また、次のオフィスでは休憩スペースを広く取る予定である。**根拠2**

(c) 第三に、Bビルは、十分な広さがあり、駅からも近い。他にもいくつか条件があるが、どれもクリアしている。**根拠3**

(b) 以上のことから、引越し先としてはBビルを提案したい。**結論（念押し）**

　いかがでしょうか。**5つの段落の位置付け**が、「結論」「根拠1」「根拠2」「根拠3」「結論（念押し）」となっていることが見てとれ、たったこれだけの分量ですが、しっかりとした構成の文に見えるでしょう。

　なお、**3つある根拠をどんな順序で並べるかの判断基準は、その重要度**です。今回は、事業用にオフィスを借りるという状況のため、最重要項目は「賃料」だろうと推察し、賃料の話を1つ目の根拠として書きました。もしスペースの問題や駅からの近さが最重要項目として語られている状況なら、広さと駅近物件である話を1つ目の根拠として書くことになります。このように、**書き方や順序は、置かれている状況次第**です。

　なお、3つの根拠の順序については「最重要のものを最後に置く」と習った方もいるかもしれません。最後まで確実に読んでもらえる場合や、最初に置く、最も弱い「根拠」でもそれなりに説得力があり、そこからじわじわと盛り上げていけるなら、それもよいでしょう。ただし、大した内容ではないと判断したらその先を読まなくなるような気が短い読み手が相手なら、最も重要な根拠を最初に書くことをお勧めします。

　さて、ここまでのワークで、情報をどう出していくか、それをどう並べ、どう書いていくか、およそのやり方が把握できたと思います。では、これを英文で書いてみましょう。

> **例題21-3：** 例題21-2で書いた日本語の文章を英語で書きなさい。

以下は、使う可能性のある語句です。（別の語句を使って書いても構いません）

ビル＝building／提案する＝propose／候補＝optionまたはcandidate

推奨する＝recommend／賃料＝rent／借主＝tenant

相場＝market price／従業員＝employee／休憩＝rest

考慮する＝consider／十分な＝enough／条件＝criteria（criterionの複数形）

解答例

I would like to propose moving into Building B as our new office. We have two options, Building A and Building B, and I recommend Building B for the following reasons.

Firstly, the rent of Building B is lower than that of Building A. The former tenant of Building B moved out earlier than expected, so the owner seems to want to find the next tenant soon. That's why the rent being offered is lower than the market price.

Secondly, Building A doesn't have enough space for all of our employees — especially as we plan to have a large rest area.

Thirdly, Building B has enough space and is close to the station. We do have some other criteria, but Building B meets all of them, too.

For the reasons outlined above, I would like to propose we lease Building B as our new office.

　同じ内容でも書き方はさまざまですから、上記は唯一の正解ではありません。意図した内容が書けていれば問題ありません。例えば、解答例のように例題21-2をベースに書かれていて、段落が5つあり、**1つ目と5つ目がほぼ同じ「結論」的内容で、間の3段落に説得力のある根拠が1つずつ**入っていれば、OKです。

■ まとめ：プランニングがとても重要

　ここまで読んでお気づきかもしれませんが、伝わりやすい説得力のある文章にするには、書き始める前、つまり「**プランニング**」が**非常に重要**です。何となく書き始めても説得力のある文にはなりません。必ず以下の点を念頭に置いて事前のプランニングに時間をかけ、書く前に内容を固めましょう。

・何を書くか
・「要点」はどの部分か、全体として「何のために」書くか（＋その文を送って何を達成したいか）
・根拠はどれか、どの根拠が最も説得力が強いか、もっと強力な根拠はないか

　例えば、根拠として書こうと思っている内容の説得力が弱いなら、もっと強い根拠はないか探してみたり、弱い根拠はそもそも書かないことにしたり（例：弱い根拠を３つ書いてしまうくらいなら、むしろ２つで済ませるほうがマシと決断する）、という具合に何を「要点」とすべきかじっくり考える時間をとれば、書く英文がもっとパワフルなものになります。

　プランニング時に下記のような簡単なメモを作っておけば、手早く書けますよね。

プランニングのメモ例

要点／**文全体で達成したいこと**	引越し先はＢビルが一推し
根拠／補強情報１	ＢはＡより賃料が安い
根拠／補強情報２	Ａは狭くて、従業員スペースが不足する
根拠／補強情報３	Ｂは結構広くて、駅にも近い

ライティングの手順（p.154参照）：
要点を１〜３文で書く
↓
空行を入れる
↓
最後に、同じ要点をコピペ
↓

空行のところに、根拠を入れ込んでいく（説得力が強いものから３つくらい）

↓

段落をつなげて読んで、違和感がないか確認

↓

まったく同じ表現がある場合は、違う表現に変える

3　実践編１：ネタ探しからライティングまで

　ここからは、この第４章のいわば「実践編」です。あるテーマについて、何を書くか、という**ネタ探し**をするところから始まって、**「これを書こう」**と内容を決め、第４章で学んできた**５段落のテンプレートにそれを流し込み**、最終的に**まとまった量の英文を書く**ところまで、一連の流れを段階的にやっていきます。

　今回取り組むテーマは、「外国語学習」です。皆さんも、母語の日本語に加え、外国語である英語を学習されていますので、きっと日頃からご自身なりのお考えをお持ちでしょう。ぜひそれをベースに考えてみてください。

> プランニングの最初から英文を書くところまで、
> 通しでやってみよう

　さて、そこで例題です。テーマに沿って書いていきましょう。

テーマ　外国語学習の意義

＊ 外国語学習の意義を伝える

例題22： あなたが通っている英会話教室では、講師が時折、英作文の課題を出す。今回出されたテーマは**「外国語学習の意義」**だ。A4の半分〜１枚くらいを目安に、自分の考えを伝える英文を書きなさい。

この例題も、少しずつ段階的にやっていきます。ご安心ください。

まず、あなた自身は「外国語学習」についてどんな情報を持ち、どんな考えを持っているでしょうか。これを思いつくままに書き出してみましょう。

 注意点 これ以降の例文、解答は参考例

本例題に関する**これ以降のコンテンツや例文は、あくまでも一例**です。人はそれぞれ、持つ情報も意見もそれを基に書く英文も異なります。内容面でも英語についても、正解は1つではありません。それを前提として、解答例を単に例として見るだけでなく、「どうやって**文により説得力を持たせる**か」「どんなやり方で**考え**、どう**情報を整理**し、どう書いているのか」などについて、自分が書く時に参考になるものはないか、そんな目線で見てみてください。

要素を洗い出せるなら、
マインドマップ以外のやり方でもOK!

Step 1　マインドマップで、書く元ネタの候補をまず全部出す

「マインドマップ」という言葉を聞いたことがあるかもしれません。**ある物事に関係する事象をひたすら書き出し、事象間の関係を書いていくことで**、その物事に関する情報を整理し、理解を深めたり、全体を俯瞰したりすることができるツールです。下の図がその基本です。

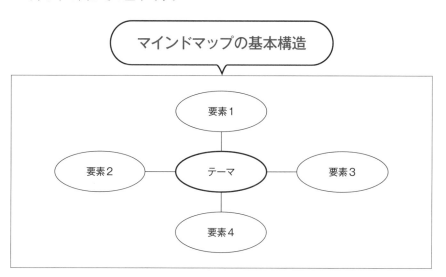

マインドマップの基本構造

今回のケースでいえば、真ん中に「外国語学習の意義」と書いておき、その言葉を聞いて頭に浮かんだ事柄や言葉をその周囲に書いて、それらを線でつなげていきます。

最初に思い浮かぶ事柄としては何があるでしょうか。私なら「仕事に役立つ」「外国の本やウェブサイトが読めるようになる」などを思いつくでしょうか。

マインドマップは、後で整理すればよいので、**最初はそれほど細かい制限を設けずにどんどん書いて**いきます。例えば、最初の4つを書いてみると次のページのようになります。

【マインドマップ：第一形態例】

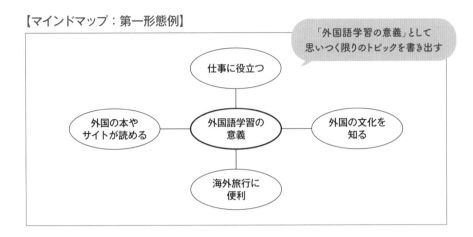

周囲に配置した４つのアイテムの間にはあまり相互の関係はなさそうなので、この時点では、真ん中から別々の４方向に線が出ているだけで、４アイテムの間には線がありません。もし相互に関係がある場合は、あるアイテムから２方向に線が出ることもあるかもしれません。

上記の図に１つだけ、「外国人の友達ができる」を、私の方で追加してみました。

【マインドマップ：第二形態例】

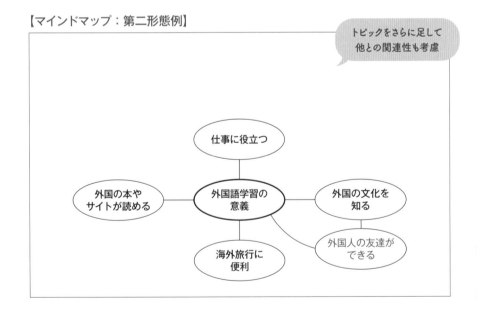

次の例題で、これをさらに膨らませていきましょう。

✳ マインドマップを発展させよう

例題22-1: マインドマップ：第二形態例の中に、内容的に関連するアイテムを少なくとも**5つ追加**しなさい。既存のアイテムと関連性があると思えるものならどんなものでも構わないが、中央にある「外国語学習の意義」と何らかの形で最終的に関連しているものが望ましい。

　ここでも「唯一の正解」はありません。思いつくものを自由に追記していきましょう。

　なお、追記していくのは、手書きでもできますし、MicrosoftのPowerPointをよく使う方なら、「楕円」と「コネクタ」で書いていくのも便利です。「楕円」を移動させると「コネクタ」の線も一緒に移動していくので、スペースが足りなくなった時に寄せたり、コピペして移動させたりといった、手直しや変更が簡単にできます。

　なお本章で使っているPowerPointの基本ファイルは、以下のウェブサイト「アルクのダウンロードセンター」で入手できます。

https://portal-dlc.alc.co.jp/

本書のコード7023010で検索し、ダウンロードしてください。必要に応じて、ファイル内の「楕円」や「コネクタ」をコピーして増やしてご自由にお使いください。なお、PCのみでのご利用となります。

　さて、「仕事に役立つ」部分をまず膨らませてみたのが次ページのマップです。「外国語を学習」したらそれがどんな風に「仕事に役立つ」のかといえば、例えば、日頃から業務でその外国語を使う職場なら、外国語の習得が「スキルアップ」に直結します。その結果、「昇進」するかもしれませんし、「海外の取引先を担当」できるようになるかもしれません。そうしたら、頻繁に「海外出張」することになるかもしれません。最終的には「海外赴任」もあるかもしれませんし、「転職」するかもしれませんね。マップではそういった内容を追加しました。

【マインドマップ：第三形態例】

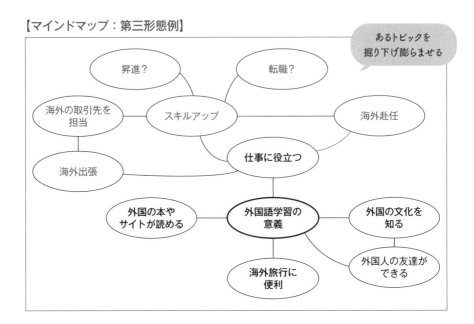

　「海外赴任」すると海外に住むことになりますが、そもそも「外国語を学習」すれば、将来、「海外に移住」することもできますね。そうした事項について、マップの右上部分で膨らませたのが次のマップです。「外国語学習」をするとどんなことができるようになるのか、だいぶ内容が膨らんできました。

【マインドマップ：第四形態例】

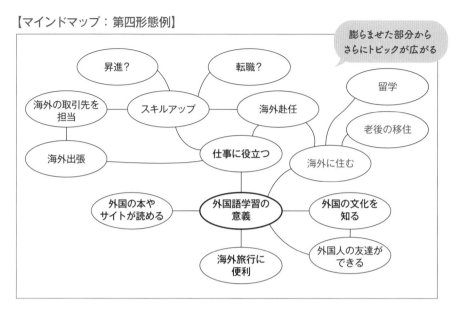

膨らませた部分から
さらにトピックが広がる

さらにアイテムを追加していったのが、下記のマップです。

解答例

【マインドマップ：最終形態例】

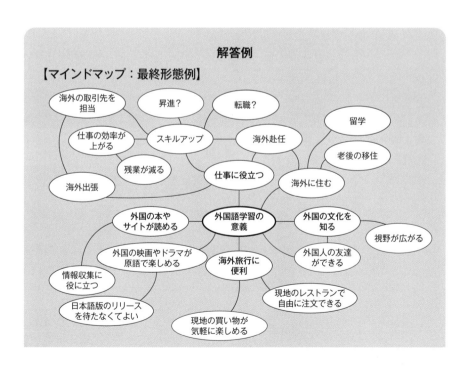

だいぶアイテムが増えてきましたね。今回のマインドマップ作成の最終的な目的は、英会話のクラスで提出するレポートの作成ですから、これ以上の完璧を狙わず、ある程度の要素が出せたこの状態で、次のフェーズへ進んでいきましょう。

なお、繰り返しになりますが、前ページのマインドマップはあくまでも一案で、いわゆる「正解」ではありません。内容は書く人の考えや価値観次第だからです。例えば、「海外出張」や「海外赴任」をしたくない人にとっては、この2つは「意義」のマインドマップには出てこないでしょう。

▌Step 2　書き出したアイテムの中から重要度の高いものを選ぶ

マインドマップには、さまざまな内容のアイテムが書かれていますが、**それぞれの「重要度」は、それを見る人の考え方によって変わります**。例えば、いま仕事を最優先でがんばっている人なら、仕事の「スキルアップ」周辺のアイテムが重要に見えるでしょうし、「異文化交流」や「将来の海外移住」に関心がある人なら、右半分にあるアイテムの重要度が上がるでしょう。

ここでは、いったん「仕事優先モード」の人であると仮定して、次の例題をやってみましょう。

＊「仕事優先モード」前提で作成
例題22-2：「いま仕事を最優先にしてがんばっている」人の視点で見て、p.167のマインドマップの中で「仕事」に関連がありそうなアイテムはどれか。少しでも関係があると思えるものはすべて選んでマークしなさい。

考え方によって結果は少し変わると思いますが、筆者が、多少でも仕事に関連しそうなものにグレーの色をつけたのが、次のマップです。

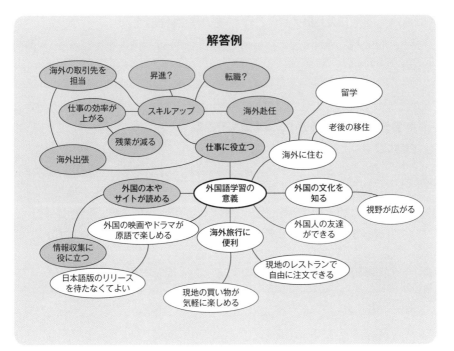

解答例

次に、このマインドマップ（あるいはご自身で作ったもの）を見ながら、次の例題を考えてみましょう。

✳ 自分にあてはまるアイテムを選んでみる

例題22-3：p.169のマップ（あるいはご自身で作ったマインドマップ）でグレーでマークされたアイテムは「仕事に役立つ」に関連しているが、それ以外に、自分にとって「外国語学習の意義」として挙げられる要素を2つ選び、その合計3項目それぞれについて、なぜ重要か、その「理由」にあたるアイテムを選んで答えなさい。なお、「理由」は1つに限らなくてよい。

外国語学習の意義	理由1	理由2	理由3
1.　仕事に役立つ	スキルアップ		
2.			
3.			

ヒント　「仕事に役立つ」以外の2つの「意義」には、何を選んでも構わない。

解答例

No.	外国語学習の意義	理由1	理由2	理由3
1	仕事に役立つ	スキルアップ	昇進	残業が減る
2	外国の文化について知ることができる	視野が広がる	外国人の友達ができる	
3	外国の映画やドラマが原語で楽しめる	日本語版のリリースを待たなくてよい		

解説

　その人の考え方によって結果は変わるでしょう。唯一の正解はありません。特に、2番と3番は何を選んでもよかったわけですから、人それぞれだと思います。理由についても、ベースとなるマップがご自身のものであれば、内容はガラリと変わるでしょう。

　ただし、今回は「仕事を最優先でがんばる」人の視点で書いていますので、1番に「仕事に役立つ」が必要です。またその理由として右に3つくらい、妥当に見えるものが並んでいる必要があります。「仕事優先」で考えるような人であれば、理由は3つくらい並べられるでしょう。2番と3番については、より多くの理由が書けている意義を上位にし、理由が1つしか書けない意義は3番目にすべきでしょう。「重要なものから書く」、これを思い出してください。

▎Step 4　書く順序を決める

　例題22-3の解答例の表では、理由を多く書けたものから並んでいます。皆さんの表も同じように並んでいましたか？

　理由の数が違うのに、多→少の順に並んでない場合は、その順に並べ替えましょう。

　もし2番と3番の根拠となる理由の数が同じ場合は、2つのうちどちらがより重要か、どちらがより「外国語学習の意義」を説明する際の説得力が強いか、考えてみましょう。その説得力の「強さ」によって、書くべき順序が変わります。

・理由の数が「多い」ものから並べていく
・説得力の「強い」ものから並べていく

　さて、次のフロー図を覚えていますよね。これにあてはめていきましょう。

| ① 結論 |
| ③ 根拠 or 補強情報 |
| ④ 根拠 or 補強情報 |
| ⑤ 根拠 or 補強情報 |
| ② 結論を念押し |

✻ フロー図にアイテムをあてはめる

例題22-4： これまでまとめた情報を基に、下記の表の空欄を埋めなさい。

【外国語学習の意義】

No.	項目	概要	根拠／詳細
①	結論	意義はいくつもある	主なものは3つある
③	根拠or補強情報	仕事に役立つ	スキルアップ、昇進、残業が減る
④	根拠or補強情報		
⑤	根拠or補強情報		
②	結論	意義はいくつもある	

　スムーズに埋められましたか？　**例題22-3**の解答例の表をベースに書いたのが次の解答例です。新たに書き込んだ箇所だけ、下線を引いてあります。

No.	項目	概要	根拠／詳細
①	結論	意義はいくつもある	主なものは3つある：**仕事に役立つ、外国の文化を知ることができる、外国の映画やドラマが原語で楽しめる**
③	根拠or補強情報	仕事に役立つ	スキルアップ、昇進、残業が減る
④	根拠or補強情報	**外国の文化について知ることができる**	**視野が広がる、外国人の友達ができる**
⑤	根拠or補強情報	**外国の映画やドラマが原語で楽しめる**	**日本語版のリリースを待たなくてよい**
②	結論	意義はいくつもある	**上記のように、意義は多い**

解説

　ベースとなるマインドマップが異なる場合は、上記と異なる結果になっているでしょう。ざっと見て、説得力のある内容が盛り込まれていればOKです。

　なお、**できあがった表を見て「あまり説得力がない」と感じた場合は、「根拠／詳細」にもっと説得力の強いものを入れる必要**があります。

　ところで、①の「補強する内容」欄に追記していることに気づかれた方もいるでしょう。同じ内容は③〜⑤の「概要」欄に書いてあるのに、なぜ①にも書くのでしょうか。

　それは、③〜⑤とのつながりを生むためです。**最初の段落で、その後に詳しく書く3つの内容について**「これからそれを詳しく説明します」と**ちらっと言及**するだけで、最初とその後の3段落との間ががっちりつながります。

さて、次はさきほど作った表を見ながら、英文を書いていきます。

＊ 表に基づいて、英文を書いていく

例題22-5： 例題23-4の表（あるいはご自身で作った表）を見ながら、5段落から成る英文を書きなさい。

解答例

Among the many benefits of learning a foreign language, I believe there are three main ones: language skills can be useful in work; you can learn about foreign cultures; and you can enjoy foreign movies and dramas in the original language.

Firstly, learning a foreign language can be beneficial for work. It can bring you additional skills and promotions at work.

Secondly, learning a foreign language can accelerate your understanding of foreign cultures. With such understanding, you can broaden your horizons and might be able to make foreign friends.

Thirdly, if you learn a foreign language, you can watch and enjoy foreign movies and dramas in the original language, so you won't have to wait for the release of the Japanese versions.

As I've shown above, there are many benefits of learning a foreign language.

解説

同様の文が書けたでしょうか。さまざまなバリエーションがありえますので、前述の表の内容が表現されていれば、同じでなくても構いません。冒頭の段落で概略を書き、第2〜第4段落で、それぞれの意義を少し詳しく書き、最後に結論を念押ししています。

ちなみに「意義」と書いてあった部分が、解答例の英語ではbenefit（benefits）となっていて驚いた方もいるでしょう。これは、今回のお題でここまで取り組んできた「意義」の本質的な意味は「便益」だと考えるからです。**和英辞典で「意義」を引くと出てくる**significance**や**meaning

より「目的」「便益」を表すbenefitのほうが、「外国語学習」の「意義」と
しては、しっくりきます。実際には、その「メリット」や「利点」を語ってい
るからです。このように、英訳する場合は、日本語の意味合い自体を見極
めることが大事です。

参考訳：
　外国語を学ぶことのメリットはたくさんありますが、私は次の3つだと考えています。語学力
が仕事に役立つこと、外国の文化を学べること、そして外国映画やドラマを原語で楽しめること
です。
　まず、外国語の習得は仕事に役立ちます。職場で使えるスキルが増え、昇進にもつながります。
　第二に、外国語を学ぶことは、外国文化への理解を加速させます。そうした理解が深まること
によって視野が広がり、外国人の友人ができるかもしれません。
　第三に、外国語を学べば、海外の映画やドラマを原語で見て楽しむことができます。日本語版
の公開を待つ必要はありません。
　以上のように、外国語を学ぶメリットはたくさんあります。

　ここまで、プランニング段階も含めて詳しくやってきました。最初はこのように
一歩一歩やる必要があるかもしれませんが、**慣れれば、重要なアイテムに絞って
メモを作るところからできたり、いきなり英文を書くこともできたり**します。

　また、最初のアイデア出しの段階で、ここではマインドマップを使いましたが、
使い慣れたアイデア出しのツールが他にあれば、それを使っても構いません。こ
こでご紹介したプロセスは、あくまでも筆者が「私ならこうする」という方法でし
かありません。皆さんが書く場合は、ご自身で使いやすいように変更してください。

あとは、いくつも書いて慣れていこう！

実践編２：多様なテーマの英文を書く

　ここでは、応用編として、各種のテーマで英文を書く演習問題を提供します。前のセクションで紹介した、

マインドマップ作成
↓
内容の書き出し
↓
最終的に英文に落とし込んでいく

という手順を参考に、下記のテーマで書いてみましょう（書き慣れている方は、いきなり英文を書いても構いません）。すべて取り組むか、いくつかを選ぶか、それはみなさん次第です。

　なお、本セクションの解答例は、p.192以降にまとめて掲載しています。

┃演習

　最初に取り組むテーマは、「**機械翻訳**」です。最近は、技術の進歩により、さまざまな機械翻訳（または自動翻訳、AI翻訳）が利用可能になってきました。話しかけると音声で翻訳結果を返してくれる小型端末もあれば、ウェブページをまるごと翻訳してくれるもの、オンラインで入力すると訳してくれるものや、スマートフォンのカメラを使うものなど、使い勝手も精度もまちまちです。みなさんも、一度はどれかを使ったことがあるのではないでしょうか。さて、そこで問題です。

テーマ ┃ 機械翻訳の是非

> **＊ 機械翻訳を利用すべきか否かについてのレポートをまとめる**
>
> **例題23：** あなたが働く部門では、業務で時々、英語が必要になる。外国企業から届く問合せメールへの返信を書くこともあれば、社内の別部門に頼まれて提携先候補を探すためにインターネットで海外企業の情報を探すこ

ともある。部員たちは英語を学び、苦労してなんとか業務をこなしているが、残業が多い。最近、本社の管理部門が業務の効率化に取り組み始め、あなたの上司は「機械翻訳」の活用を考え始めた。この部で最も英語ができるのはあなただと上司は考えており、

この部の業務において「機械翻訳」が活用できそうか、その感触を伝える本部向けの英文レポートを書いてほしい

と言ってきた。あなたならどう書くだろうか。

ヒント この会社がどんな事業を行っているかなど、<u>上記にない情報について</u>は適当に仮決めしてそれに基づいて書いて構いません。なお、機械翻訳によってもたらされるものは<u>メリットだけではない可能性があり、最終的な英文はメリットだけを３つ並べる形にはならないかもしれません。</u>また、予測されるメリット（またはデメリット）を具体的に例示すると説得力が増すでしょう。

単語の参考例 (すべての語を使う必要はない。また、別の語句を使っても構わない)：

機械翻訳＝machine translation／業務＝operation／効率化する＝streamline／効率性＝efficiency／問い合わせ＝inquiry／提携相手＝partner／オンライン＝online／クラウド＝cloud／端末＝device／品質＝quality／十分な＝enough または sufficient／リスク＝risk／本社＝headquarters／部門＝division または department／AI＝artificial intelligence／コンピュータ＝computer／結果＝result／活用する＝utilize または make use of／推奨する＝recommend／提案する＝propose または suggest

プランニング用

要点

根拠／詳細①

根拠／詳細②

根拠／詳細③

英文

この書式のWordファイルが、p.165掲載の方法で「アルクの
ダウンロードセンター」より入手できます。ご活用ください。

解答例はp.192へ >>>

演習

　次に取り組むテーマは、「旅行」です。どこへ行きたいか、何をしたいかなど、旅行の好みは人それぞれです。社会情勢や季節、現地でのアクティビティなど、検討事項も多いですね。そこで問題です。

テーマ　100万円で夢の旅

✳ 宝くじで当たった100万円をこんな旅行に使いたい！

例題24：宝くじで100万円が当たったので、全額を「いつか行きたい」と思っていた旅行に使いたいのだが、まだ家族には言っていない。家族の一人は、母国語が英語である。いつ頃、何日間くらい、どんな場所に行き、何をするのか、おおまかな旅のプランを決め、その概要とその旅が自分にとってどれだけ大切かなどを説明して、

「100万円全額を旅行に使う」ことを家族に納得してもらえるような説得力のある提案

を英文で書きなさい。

ヒント　**1人で行くのか、複数名で行くのかなど、詳細は自由に決めて構いません。**家族を連れて一緒に行くか、友人など他の人と行くか、バックツアーか、自由な個人旅行かなど、設定は自由です。**使う金額の細かい明細は必要なく、また必ずしも自らの本当の意見に基づいて書く必要はありません。**よほど突飛な内容でない限り、事実を確認して書く必要もありません。書き手が「旅行」にまったく興味がない場合は、当選金額100万円を別の趣味などに投じる案で書いても構いません。

単語の参考例：

宝くじ＝lottery／当てる＝win／夢＝dream／一生に一度の＝once-in-a-lifetime／旅行に行く＝go on a trip／目的地＝destination／訪問する＝visit／実際に／リアルに＝in person／見る＝see／体験する＝experience／遺跡＝historical siteまたはruins／祭り＝festival／パレード＝parade／休暇＝holidayまたはvacation／旅行＝tripまたはtravel／海外へ＝abroad／ホテル

＝hotel／フライト＝flight／トランジット＝transit／クルーズ＝cruise／寄港地＝port of call／鉄道＝trainまたはrailroad／一人で＝aloneまたはon my own／重要な＝important／不可欠な＝essential

話の流れに応じて、
書き方をアレンジしてもOK

プランニング用

要点

根拠／詳細①

根拠／詳細②

根拠／詳細③

英文

解答例はp.193へ ≫≫

今回取り組むテーマは、「電気自動車 (EV)」です。さまざまな議論がある乗り物で、環境に良いと言われていますが、電池の製造なども考慮すると必ずしもそうではないと主張する人もいます。補助金をつけて普及を推進する国が多い一方で、日本にはハイブリッド車を得意とするメーカーもあります。また、世の中にはバイオ燃料で走る車もあれば、水素で走る車もあります。そこで問題です。

テーマ 電気自動車導入の是非

＊ 新しい社用車を電気自動車にするべきか意見をまとめる

例題25: 勤務先で来年購入する10台の社用車を電気自動車にしようという案が出ており、英語を母国語とする直属の上司から、それについてどう思うか、意見を聞きたいと言われている。自分の意見をまとめ、英文でA4にして1/2〜1枚程度で書きなさい。

ヒント 社用車の用途など、前提となる詳細は自由に想定し、それをベースに書いて構いません。

単語の参考例：

社用車＝company car／購入する＝purchaseまたはbuy／エネルギー＝energy／化石燃料＝fossil fuel／電気自動車＝electric carまたはelectric vehicle; 略称 EV／内燃エンジン車／ガソリン車＝internal combustion engine vehicle; 略称 ICEV／燃料電池車＝fuel cell vehicle; 略称 FCV／ハイブリッド車＝hybrid carまたはhybrid vehicle; 略称HV／議論＝argument／環境にやさしい＝environmentally friendly／地球温暖化＝global warming／補助金＝grantまたはsubsidy／走行距離＝mileage／充電＝charge／電池＝battery／用途＝usageまたはuse

プランニング用

要点

根拠／詳細①

根拠／詳細②

根拠／詳細③

英文

解答例はp.194へ >>>

今回取り組むテーマは、さまざまなコンテンツを作る「**生成AI**」です。インターネット出現にも比肩するほどの**大きな変化をもたらす新技術**として注目されている一方で、さまざまな議論もあります。効率化に大きく貢献すると賞賛する人もいれば、人の仕事を奪うと恐れる人もいます。便利に使おうとする人もいれば、職場や教育現場での利用方法について警鐘を鳴らす声もあります。AIが学習するデータの著作権に関する懸念や、国・地域の単位でルールを決めようとする動きもあります。そこで問題です。

テーマ **生成AI活用に賛成**

＊AI活用推奨派の立場で書く

例題26-a： あなたはビジネス英文ライティングのコースを受講している。毎回、提示された課題に沿ってA4で1～2枚程度の英文を提出することになっており、今回の課題は以下の通りである。

「AI活用推奨派」としてその意見を述べる

AI活用のメリットを述べたり、懸念に対する反論を書いたりして、読み手がAIの活用に賛同したくなる英文を書きなさい。

ヒント AI全般を対象として書くか、生成AIなど対象領域を絞るかなど、対象は自由に設定して構いません。

単語の参考例：

AI＝artificial intelligenceまたはAI／生成AI＝generative AI／画期的な＝innovative／メリット＝benefitまたはadvantage／デメリット＝drawbackまたはdisadvantage／懸念＝concern／利用・活用＝usageまたはuseまたはutilization／効率＝efficiency／インターネット＝the internet／機械学習＝machine learning／著作権＝copyright／知的所有権＝intellectual property right／職場＝workplaceまたはwork／教育＝educationまたはschooling

プランニング用

要点

根拠／詳細①

根拠／詳細②

根拠／詳細③

英文

解答例はp.195へ >>>

今回も「生成AI」がテーマですが、逆の意見という立場から書いてみましょう。

テーマ 生成AI活用に反対

＊ AI活用否定派の立場で書く

例題26-b：あなたはビジネス英文ライティングのコースを受講している。毎回、提示された課題に沿ってA4で1～2枚程度の英文を提出することになっており、今回の課題は以下の通りである。

「AI活用否定派」としてその意見を述べる

AI活用によってもたらされるデメリットやそう考える根拠を述べたり、一見メリットに見える利点に潜む問題点を指摘したりするなどして、読み手がAIの活用に反対したくなる英文を書きなさい。

ヒント AI全般を対象としても、生成AIなど対象領域を絞っても構いません。

単語の参考例：

AI＝artificial intelligence またはAI／生成AI＝generative AI／画期的＝innovative／メリット＝benefit またはadvantage／デメリット＝drawback またはdisadvantage／懸念＝concern／利用・活用＝usage またはuse またはutilization／効率＝efficiency／インターネット＝the internet／機械学習＝machine learning／著作権＝copyright／知的所有権＝intellectual property right／職場＝workplace またはwork／教育＝education またはschooling

プランニング用

要点

根拠／詳細①

根拠／詳細②

根拠／詳細③

英文

解答例はp.197へ >>>

■演習

　今回取り組むテーマは、「**人材確保**」です。さまざまな業界で人手不足が続いています。各企業では、人材確保が喫緊の課題であり、離職率の低減やリスキリングなど、さまざまな対策が検討され、推進されています。そこで問題です。

テーマ　人材難の解消

＊ **人材確保のための効果的な対策を考える**

例題27：あなたは、某ホテルチェーンの人事部門で働いている。人材難が続く中、社長直轄の「人材確保」プロジェクトのメンバーとして、

人材確保のための短期的および中長期的な戦略案

をいくつか提示することになっている。効果的な複数の対策を考え、重要度の高いものからいくつか提示する英文を書きなさい。

ヒント 同社にとっての「人材難」とはどんな問題か、同プロジェクトの目的や狙いなど、<u>前提となる情報や背景事情は書き手が自由に想定して構いません</u>。

単語の参考例：

人材＝labor または skilled workers または talent／…難＝shortage または lack／従業員＝employee／確保＝securing または obtaining／短期の＝short-term／中長期の＝mid- and long-term／戦略＝strategy／提示する＝present または propose／効果的な＝effective／離職率＝turnover／リスキリング＝reskilling

プランニング用

要点 _____

根拠／詳細① _____

根拠／詳細② _____

根拠／詳細③ _____

英文

解答例はp.198へ >>>

　今回取り組むテーマは、「食生活」です。高齢化が進む日本では、「人生100年」とも言われ、世界的にも長寿の人が多い国だと見られています。そして長寿の原因の1つは、その独特な食習慣であると一般的に考えられています。そこで問題です。

テーマ　日本人の食生活

＊ 日本人の食生活の健康的な面についてまとめる

例題28：あなたは、世界的な食品メーカーの日本オフィスに勤めている。最近、本社から赴任した外国人上司から「日本人はスリムで健康に見えるし、長生きの人が多いけれど、食生活など、何か日本独自の理由があるのか」との質問があった。彼は日本市場向けの新製品開発を検討しているもよう。あなたは、手始めに日本の食生活に関して一般に知られているような情報を共有してみようと考えた。簡単なメモの形でA4にして半ページ〜1ページ程度を英文で書いてみよう。

ヒント 情報は、**ウェブサイト**などで確認して書いてもよいですし、これまでに**TV番組やウェブサイト、記事などで見聞きした記憶を基に書いても構いません。**

単語の参考例：

世界的な＝global／食品＝food／本社＝head office または headquarters／上司＝boss／健康な＝healthy／食生活＝diet／独自の／独特の＝unique／新製品＝new product／手始めに＝to begin with／一般に＝publicly または generally／共有する＝share／バランスの取れた＝balanced または well-balanced／野菜＝vegetables／魚・海産物＝fish または seafood／カロリー＝calorie

要点 _____

根拠／詳細① _____

根拠／詳細② _____

根拠／詳細③ _____

英文

解答例はp.199へ >>>

例題23〜28　解答例と解説

5P-Bizに慣れてきたら、文章の目的によっては、最後を必ずしも「結論念押し」でなく「今後の予定」で締めるなど、柔軟に変更して構いません。

例題23　機械翻訳を利用すべきか否かについてのレポートをまとめる

プランニング例

要点　弊社の業務のある程度の部分で機械翻訳を活用できる

根拠／詳細①　効率性

根拠／詳細②　リスクや問題の対処が必要

根拠／詳細③　ルールと研修で解決か

解答例

Based on my research, I believe we can utilize machine translation in some parts of our operation.

The biggest reason for us using machine translation would be efficiency. We use English in various types of work, such as replying to English inquiry emails and doing online research for potential partners, including foreign companies. Some colleagues have difficulties handling such tasks and sometimes end up having to do overtime. Writing emails from scratch can take a long time, but machine translation can give them a nice draft version, which they can modify as appropriate to help them quickly finish the task.

However, there are some risks and potential problems in using machine translation, especially in the workplace. The biggest one I am thinking of is a security risk. Most of the machine translations are online services, where the users upload the original sentences to get the translation. Users might mistakenly upload sentences containing trade secrets, which are then saved on the service operators' servers, leading to potential leaks of confidential information.

Although this can be a "double-edged sword," if we can agree on rules for using machine translation in the workplace, we can minimize the risks and can enjoy the benefits. There may be some relevant training sessions available to help us better comply with the rules.

For the reasons above, I recommend using machine translation in the workplace, given some rules are set and agreed to.

参考訳

調査の結果、弊社業務のうちある程度の部分で機械翻訳を活用できると確信するに至りました。機械翻訳を活用する最大のメリットは効率性です。私たちは、英語の問い合わせメールへの返信や、外国企業を含む提携先候補探しのオンライン調査など、多様な業務で英語を使っていますが、同僚の中にはこうした業務に苦労する者もおり、それが理由で時々やむなく残業が発生しています。

一からメールを書くのは時間がかかりますが、機械翻訳は良いたたき台を示してくれるため、それを適切に修正するところからやれて作業も早く終わります。

しかし、特に職場で機械翻訳を使うことには、リスクや問題の可能性があります。今考えている最も大きなものは、セキュリティリスクです。大抵の機械翻訳はオンラインサービスであり、利用者は原文をアップロードして翻訳を入手します。利用者がうっかり企業秘密を含む文章をアップロードしてしまい、サービス側のサーバーにそれが保存されてしまうと、機密情報の漏洩につながる可能性があります。

機械翻訳は「諸刃の剣」になりえますが、職場における機械翻訳の利用に関するルールを決め、全員がそれを承諾することができれば、リスクは最小化でき、メリットを享受できるでしょう。関連する内容の研修が受けられれば、さらにルールは遵守されやすくなるでしょう。

上記の理由から、ルールを決めてそれが合意される限り、職場での機械翻訳の利用を推奨します。

例題24　宝くじで当たった100万円をこんな旅行に使いたい！

プランニング例

要点　宝くじの当選金100万円で、一人で南極に行きたい

根拠／詳細①　元々行きたかった旅行先で費用は100万円

根拠／詳細②　寒さが苦手な人とは行けないので一人旅

根拠／詳細③　10日間とれる特別休暇

解答例

I have some big news to share with you. I've won a million yen in a lottery, and I'd like you to agree with my spending all of it on a once-in-a-lifetime journey.

The place I'm thinking of going to is Antarctica, which you know is my dream destination. To get there from Japan, it's common to fly to somewhere in South America and then take a special ship that goes very close to Antarctica. A 10-day tour can cost around a million yen per person, which is the amount that I won. Actually, that's what made me think of Antarctica in the first place.

Another reason is the climate. We've travelled to many countries, but somewhere we've never been to is Antarctica. I know you don't like cold environments, so this can be a solo trip.

In addition, I've worked for my current company for 20 years, so I get an extra 10-day vacation this year.

With 10 days and a million yen, I can go to my dream destination. I'm a bit disappointed that it will be a solo trip, but it is extremely cold there, so you don't have to come with me. I hope you'll agree to this plan.

参考訳

大ニュースがあります。宝くじが100万円当たりました。その全額を私の一生に一度の旅行に

使おうと考えていて、賛成してもらえたらと思っています。

　考えている目的地は南極です。ご存じのように、私の夢の旅行先です。日本からの一般的な行き方は、南米のどこかまで飛行機で行き、そこで南極の近くまで行ける特別な船に乗り込むという方法です。10日間のツアーで1人およそ100万円かかりますが、これは当選金額と同じです。実際、それが真っ先に南極のことを考えた理由です。

　また別の理由は、気候です。私たちは多くの国を旅行しましたが、未踏の国／地域の一つが南極です。あなたが寒い場所が好きでないことは知っているので、一人旅になるでしょう。

　さらに、私はいまの会社に20年勤め、今年は10日間の特別休暇を取ることができます。

　10日間と100万円があるので、夢の旅行先へ出かけられます。一人旅になるのは残念だけれど、現地は極めて寒いので、同行してもらう必要はありません。この計画に賛同してもらえるといいなと思っています。

例題25　新しい社用車を電気自動車にするべきか意見をまとめる

プランニング例

　要点　来年、経費でのEV10台購入を推奨

根拠／詳細①　会社の目標＝2050年CO2排出ゼロ

根拠／詳細②　環境面でEVは優れている

根拠／詳細③　経済面でも優れている

根拠／詳細④　充電は、大きな問題ではない

解答例

I would recommend the company buying 10 electric vehicles (EVs) and replacing the old cars currently used in the Tokyo area with the new EVs next year because it can contribute to achieving our CO_2 reduction target.

The company set the Zero CO_2 target for 2050 last year, and as an interim target, we must reduce our CO_2 emissions by 20 percent by 2030. These targets are not easy to achieve, so I think we have to do anything that we can.

EVs are environmentally better choices because they do not emit any CO_2 while they are running. They are also more environmentally friendly than internal combustion engine vehicles (ICEVs) in the manufacturing processes. According to an analysis by the International Energy Agency based on 2020 data, which covered the manufacturing processes of batteries as well as power generation, the CO_2 emissions from an EV are about half of those from an ICEV. Other data show that EVs are also more environmentally friendly than hybrid vehicles (HEVs).

EVs are economically better choices as well. EVs do not need fossil fuel to run, which is significant considering the recent rises in oil prices.

EVs do have charging issues. They need charging stations and charging might take a long time. However, our use of vehicles is mainly for short distances to visit nearby customers, so we won't have the common worry of searching for a charging station in the middle of a long-distance journey. Particularly in Tokyo, our customers are located very close to the office.

Based on the considerations above, I recommend the purchase of 10 EVs to replace the old ICEVs used by the Tokyo office.

参考訳

　私は、我が社のCO2削減目標の達成に寄与するために、来年、EV10台を購入し、東京地域で現在使用中の古い車両と置き換えることを推奨します。

　我が社は昨年、2050年のCO2排出ゼロという目標を掲げており、中間目標として、私たちは2030年までにCO2排出量を20%削減しなければなりません。これらの目標の達成は容易ではなく、できることはなんでもやらなければならないと考えております。

　環境面からいえば、EVはより良い選択肢です。走行中のEVはCO2を排出しませんし、その製造工程を考えても、ガソリン車＝ICEVより環境にやさしいです。国際エネルギー機関が電池の製造工程と発電工程を対象にした2020年のデータをもとに行った分析によれば、EV1台のCO2排出量はガソリン車の約半分でした。他のデータでも、EVはハイブリッド車＝HEVよりも環境面で優れています。

　経済的にもEVは良い選択肢です。走るのにEVは化石燃料が要りませんが、これは昨今の石油価格を考えると、大きな意味があります。

　EVには充電の問題があります。EVは充電拠点が必要で、充電には時間がかかることがあります。しかし、弊社の自動車の利用は、主に近隣の顧客を訪問する短距離の利用が多く、長距離の走行中に充電拠点を探すといったことを考慮する必要がありません。特に、東京事務所は、顧客の拠点が非常に近いのです。

　上記の検討に基づき、EV10台を購入して東京オフィスの旧式のガソリン車を置き換えることを推奨したいと思います。

例題26-a　AI活用推奨派の立場で書く

プランニング例

　要点　職場でのAI活用に賛成

根拠／詳細①　効率が良い

根拠／詳細②　品質が良い

根拠／詳細③　下書きとしてなら十分

根拠／詳細④　情報漏洩対策も講じられている

解答例

　As a recent innovation, artificial intelligence, or AI, has become a buzzword. Although some people have understandable concerns, I am for the utilization of AI — especially generative AI in the workplace — for the following reasons.

Firstly, AI can work as an efficient tool. Generative AI services can instantly generate plausible text, graphics, or other content in reply to a user's prompt, and it can be done far more quickly than by humans. Therefore, it can contribute to the efficiency in the workplace.

Secondly, the content generated by AI can be better in terms of quality than that created by the average worker. The AI would have learned from exposure to huge amount of online content, which would be greater than the exposure experienced by the average worker.

Thirdly, the generated content can be used as a draft version, not a final version, to be corrected by a human before being used. Some people have concerns about the quality of generated content because it often contains mistakes and old information, but if we limit the use of such content to a draft, it can be very helpful.

Another worry people have is about possible leaks of confidential information or trade secrets, but there is a way to minimize such possibilities. Generative AI services now offer business accounts which do not save what users type into the server.

For the reasons stated above, I am for the utilization of generative AI in the workplace, as long as the users use it carefully. To ensure that they use it carefully enough, training sessions would, of course, be necessary.

参考訳

　最近の技術革新に伴い、人工知能（AI）は流行語になっています。もっともな懸念を表明する人もいますが、特に職場における生成AIならば、私はAIの利用に賛成で、その理由は次の通りです。

　第一に、AIは効率の良いツールとして機能しうるものです。生成AIのサービスは、利用者の入力に対応して、文章や画像など、もっともらしいコンテンツを即座に生成することができ、AIによるそうした生成は人間よりもはるかに迅速です。それは、業務効率の改善に貢献するだろうと言えます。

　第二に、AIが生成するコンテンツは、品質について言うなら、平均的な従業員が作るものより良い可能性があります。AIは、膨大なオンラインコンテンツに触れることで学習していると思われ、それは、平均的な従業員が触れるコンテンツ量より多い可能性があります。

　第三に、生成されたコンテンツは、最終版ではなく、下書き版として使われ、人間の手で修正された後に利用することができます。生成されたコンテンツには誤りや古い情報が含まれていることが多いため、そうしたコンテンツの品質に懸念を示す人もいますが、もし下書きとして使うことに限定するなら、かなり有用でしょう。

　同様に、機密情報や企業秘密の漏洩の可能性について心配する人もいるかもしれませんが、そうした可能性を最小化する方法があります。生成AIサービス各社は、最近になって法人アカウントを提供し始めており、それを利用すれば入力する内容はサーバーに保存されません。

　上記の理由から、私は、注意して使うなら、職場における生成AIの利用に賛成です。ただし、利用者が十分に注意して使うという条件がつきます。十分注意して使えるようになるには、やはり研修や講義が必要でしょう。

例題26-b　AI活用否定派の立場で書く

プランニング例

　　要点　職場でのAI活用に反対

根拠／詳細①　機密漏洩の可能性

根拠／詳細②　品質が不十分

根拠／詳細③　著作権問題

解答例

　　As a recent innovation, artificial intelligence, or AI, has become a buzzword. As you might know, some people have cast concerns, and I am one of those against the utilization of AI — especially of using generative AI in the workplace — because of the following reasons.

　　Firstly, there is a certain possibility of leaks of confidential information and trade secrets. AI generates content in reply to humans input, so the users should be careful not to enter confidential information. Some might say that some business accounts of such generative AI services do not save the information entered, but you cannot trust an online service a hundred percent, and users might use a non-secured service by mistake.

　　Secondly, the quality of the content generated by AI might not be accurate enough. It is known that such content often contains mistakes and old information. For example, I heard that the content generated by AI is often based on information that is one year or older. Therefore, we cannot trust such generated content.

　　Thirdly, there is a copyright concern. AI generates material based on the online content it has learned but will not show you the sources, so users might unintentionally infringe on intellectual property rights.

　　Because of the reasons above, I am against the utilization of generative AI in the workplace.

参考訳

　最近の技術革新に伴い、人工知能＝AIは流行語になっています。ご存じかもしれませんが、懸念を表明する人もおり、特に職場における生成AIの利用については、私はAIの利用に反対しており、理由は次の通りです。

　第一に、機密情報や企業秘密の漏洩の可能性がある程度あります。AIは、人間の入力に対する返信としてコンテンツを生成するため、利用者は機密情報を入力しないよう注意しなければなりません。こうした生成AIのサービスの法人アカウントでは入力した情報を保存しないようになっていると言う人もいるかもしれませんが、オンラインサービスを100%信用することはできませんし、そうしたセキュリティのない別のサービスを誤って使ってしまうかもしれません。

　第二に、AIが生成するコンテンツの品質は、十分ではありません。生成したコンテンツに誤りや古い情報が含まれていることは知られています。例えば、AIが生成するコンテンツは、1年かそれよりも前の情報に基づいていると聞いたことがあります。そのため、私たちはそうした生成コンテンツを信用できません。

　第三に、著作権の懸念があります。AIは、自らが学んだオンラインコンテンツに基づいてコンテンツを生成しますが、AIはその情報源を示しません。生成AIの利用者は意図せずに、誰かの知的

所有権を侵害するかもしれないのです。
　上記の理由から、私は職場における生成AIの利用には反対します。

例題27　人材確保のための効果的な対策を考える

プランニング例

要点　賃上げとリスキリングを提案

根拠／詳細①　短期的には賃上げを提案

根拠／詳細②　長期的にはリスキリングを提案

根拠／詳細③　上記が成功したら次の戦略を検討

解答例

　I propose wage increases for the short term and reskilling for the long term to secure skilled workers. I will now explain my reasons for proposing them.

　Firstly, the wage increase I am proposing is a short-term strategy to hire skilled workers to fill the vacant positions quickly. A shortage of skilled workers is a common problem in our industry, but if we can offer higher wages, we will have an advantage over other hotel chains. The target wage would have to be decided carefully considering the amount our competitors are offering.

　Secondly, as a long-term strategy, the reskilling of existing employees will be helpful to broaden their skill sets, and it can contribute to lowering turnover and easing the labor shortage problem. Not many of our competitors are offering such skill development opportunities, so it would differentiate us from others. In addition, if our employees acquire more than one skill set, we would be able to run hotels with fewer employees with multiple skill sets.

　Finally, if the strategies mentioned above are successful, we could then start a discussion of strategies to increase customer satisfaction.

参考訳

　私は、能力のある人材を確保するために、短期的には賃上げを、長期的にはリスキリングを提案したいと思います。それを提案する理由をこれから説明します。
　第一に、提案している賃上げは、スキルのある人材を獲得して募集中のポジションを迅速に埋めるための短期的な戦略です。能力のある人材の不足は業界共通の問題ですが、より高い賃金を提示すれば他のホテルチェーンに勝てる可能性があります。目指す賃金は、競合が提示している金額を考えて、慎重に決める必要があります。
　第二に、長期的な戦略として、既存の従業員のリスキリングは、彼らの一連のスキルの範囲を広げることに役立ち、ひいては離職率の低下や人材不足問題の軽減に役立つ可能性があります。このようなスキル獲得の機会を提供している競合は多くないため、競合と差別化できます。さらに、

もし従業員が２つ以上のまとまったスキルを獲得すれば、複数のスキルを持つより少ない人数の
従業員でホテルを運営できるでしょう。
　最後に、上述した戦略が成功した時に、顧客満足度向上をめざす戦略の検討を開始できるでしょう。

例題28　日本人の食生活の健康的な面についてまとめる

プランニング例

　　要点　日本人の健康と食事の関係

根拠／詳細①　栄養価の高い学校給食

根拠／詳細②　日本の伝統的な食事

根拠／詳細③　詳しいデータや情報

解答例

　Regarding your question, I think there are two main factors that explain Japanese people's good health in relation to their diet.

　One is high-quality school meals. Many primary and junior high schools and even some high schools in Japan offer healthy, well-balanced hot meals at school, and the students are taught about foods and nutrition through the daily school meals. Such dietary education in childhood is likely to lead to those people eating properly in later life.

　Another is the traditional Japanese diet, such as rice and miso soup in addition to fish. It is not only well balanced and nutritious but also contains far less fat than traditional Western food, and the portions are generally smaller. Too much fat intake can lead to various lifestyle diseases.

　If further information or data is necessary, I will be happy to provide it.

参考訳

　ご依頼に関して、日本人の健康と食事の関連については、主に２つの要素で説明できるかもしれません。

　1つは、栄養価の高い学校給食です。日本の多くの小学校、中学校、さらには高校も健康的でバランスの取れた温かい給食を学校で提供しており、生徒たちは毎日の給食を通じて、食事や栄養について教わります。子供の頃のこうした食育のおかげで、日本人はその後の人生においても正しい食事をとるようになるのかもしれません。

　もう1つは、魚に加えて白米にみそ汁といった、日本の伝統的な食事です。これはバランスが良くて栄養があるだけでなく、西洋風の伝統的な食事よりはるかに脂肪分が少ないのです。それに食事の量も（西洋人の食事より）おおむね少量です。脂肪分を摂り過ぎると、さまざまな生活習慣病の可能性が高まるのです。

　詳しい情報やデータが必要であれば、喜んでお渡しします。

直前の演習では、主に、意見、要点とその根拠を伝えるものを題材にしてきました。次の演習では、詳細情報やその要点など、ファクトをまとめてわかりやすく伝える文を書いてみましょう。

▌詳細情報を伝える英文を書くコツ

基本的構造はここまで学んできたことと同じですが、第2～4段落を書く際のコツは以下の通りです。

・冒頭に全体をまとめる文／段落を置いた後に、詳細を書くこと。

・詳細情報やそのサマリー、分析や解釈など、ファクト情報のみで構成し、それに立脚した自分の提案や意見は含めないこと。

・必要に応じて、インターネット等で詳細を調査して書いて構わない。

・（この演習について）自分について書く際、事実に即している必要はない。英文を書く練習であり、書きやすい内容／方向性へ変えて構わない。

✳ 外国人上司／同僚に向けて好きなテーマで書く

例題29： 下記のテーマから好きなものをいくつか選び、外国人上司／同僚に説明する前提で、それぞれA4で1/2～1枚以内に収まるように数段落の英文を書きなさい。

a. 東京都心で突然、半日程度の時間が空いた場合の過ごし方

b. 週末に東京から1泊2日で行ける旅行先候補

c. サムライやニンジャは今もいるのか

d. 日本の〇〇業界における課題（〇〇には特定の業界名を入れる）

e. 日本の近代における産業の発展

f. 日本の学校教育やその制度

g. 日本の気候（または自然災害、防災）

h. 日本の医療制度（例：突然体調が悪くなったらどうするか）

i. 最も感動した映画（またはマンガ／小説／ゲーム／展覧会／その他）

j. 最近最も関心を持ったニュース／出来事

単語の参考例：

a: 時間をつぶす＝kill time／都心＝downtownまたはcity center／＝（時を）過ごす＝spend／散策する＝walkまたはstroll／カフェ＝cafe／レストラン＝restaurant／ランチ＝lunch／買い物＝shopping／観光地＝tourist spot／美術館＝art museum／遊園地＝amusement park／テーマパーク＝theme park／映画館＝cinemaまたはmovie theater／スポーツジム＝gym／公園＝park／庭園＝garden／釣り堀＝fishing pond／バス＝bus／デパート＝department store／ショッピングモール＝shopping mall／展望台＝observation deck／有料の＝paid

b: 週末＝weekend／1泊2日の＝one-night-and-two-dayまたはtwo-day／駅＝station／鉄道＝railroad／新幹線＝Shinkansenまたはbullet train／空港＝airport／のんびりする＝relax／体験＝experience／温泉＝onsenまたはhot spring／離島＝remote island／ビーチ＝beach／観光＝sightseeing

c: サムライ＝samurai／戦士＝warrior／ニンジャ＝ninja／スパイ＝secret agent／天皇＝emperor／貴族＝aristocrat／将軍＝shogun／〇世紀＝例：the 17th century／江戸時代＝Edo Period／存在する＝exist

d: 業界＝industry／課題＝issueまたはproblem／改善する＝improve／技術革新＝innovation／DX＝digital transformation／非効率＝inefficiency／残業＝overtime work／不払いの＝unpaid／離職率＝turnover／解雇＝layoff／商慣習＝trade custom／契約＝contractまたはagreement

e: 近代の＝modern／産業＝industry／産業の＝industrial／発展＝development／鉄道＝railway／繊維＝textile／製鉄＝ironmakingまたはiron manufacture／遺産＝heritage

f: 学校教育＝school educationまたはformal education／義務教育＝compulsory educationまたはmandatory education／制度＝system／小学校＝elementary school／中学校＝junior high school／高校＝high school／大学＝universityまたはcollege／中間試験＝mid-term exam／期末試験＝end-of-term exam／小テスト＝quiz／入試＝entrance exam／級友＝classmate／塾＝cram school／部活＝extracurricular activity／制服＝school uniform／少子化＝declining birthrateまたはlow birthrate／教科書＝textbook／ランドセル＝school bagまたはschool backpack／体育＝

physical education／いじめ＝bullying／運動会＝sports day／遠足＝
excursionまたはday trip／修学旅行＝school trip

g: 気候＝climate／天気＝weather／梅雨＝rainy season／台風＝typhoon／
地震＝earthquake／湿度が高い＝humid／自然災害＝natural disaster／線状
降水帯＝linear precipitation zone／激甚な＝catastrophic／降雨＝rainfall／
降雪＝snowfall／洪水＝floodまたはriver flood／地球温暖化＝global
warmingまたはclimate change／温暖な＝temperateまたはmildまたは
warm

h: 医療制度＝health care system／病院＝hospital／医院＝clinic／病気＝
diseaseまたはsickness／ケガ＝injury／国民健康保険＝National Health
Insurance／救急車＝ambulance／医師に診てもらう＝consult a doctor／処
方箋＝prescription／薬局＝drugstoreまたはpharmacyまたはchemist's／
手術＝surgeon／歯科医＝dentist

i: 感動的な＝movingまたはtouching／映画＝movie／マンガ＝mangaまた
はcomic／TVゲーム＝video game／小説＝novel／ドラマ＝drama seriesま
たはsoap opera／展覧会＝exhibition／俳優＝actor／（映画の）監督＝
director／アクション＝action／恋愛＝romance／コメディ＝comedy／ミュー
ジカル＝musical／SF＝science fiction／スリラー＝thriller／ホラー＝
horror／ミステリー＝mystery／ファンタジー＝fantasy／原作＝original
workまたはoriginal piece

j: 関心を持つ＝get interested／報道＝news report／出来事＝eventまたは
incident／紛争＝disputeまたはwar／危機＝crisis

プランニング用

要点

根拠／詳細①

根拠／詳細②

根拠／詳細③

解答例はp.204へ >>>

2件のみ、例を示します。以下のような情報提供が目的の文章では、説得のための文章とは違って、最後は「結論念押し」ではなく、ちょっとした締めの一言で終わるケースが多々あります。ここまで演習を進めてきた方は、念押しするべきか否か、ケースバイケースで容易に判断できるでしょう。

a: 東京都心で突然、半日程度の時間が空いた場合の過ごし方

プランニング例：

　　　要点　都心で半日空いた時に行けるおすすめスポット

根拠／詳細①　浅草

根拠／詳細②　渋谷

根拠／詳細③　上野公園

　　　This document provides you with recommendations for making the most of your time when you have half a day in the city center of Tokyo.

　　　One option is spending time in Asakusa, which is in the northeastern part of Tokyo. Begin your half-day break by visiting Senso-ji temple, Tokyo's oldest and most famous Buddhist temple. Take a stroll along the Nakamise Shopping Street, with traditional shops offering various souvenirs and street food. You can also experience a boat trip along the Sumida River, which offers picturesque views of the cityscape, to the Hamarikyu, a historical Japanese garden.

　　　Another option is experiencing the modern side of Tokyo in Shibuya, which is a vibrant and energetic area in the west of Tokyo's city center. You can experience one of the world's busiest intersections, where more than 3,000 people can be gathered at the same time, after taking a memorable photo with the Hachiko Statue. Shibuya Center Street and Shibuya 109 are must-visit places for fashion shoppers. In addition, several new shopping malls such as Hikarie and Miyashita Park have also opened in the area recently.

　　　If you are into art and culture, Ueno Park can be your destination. It has national and local museums, including the Tokyo National Museum, the National Museum of Western Art, the National Museum of Nature and Science, and a zoo. Next to the Tokyo National Museum, there is a historical Buddhist temple named Kan'ei-ji, and you can enjoy the cherry blossoms there if you visit around the end of March.

　　　I hope you will enjoy yourself in Asakusa, Shibuya, or Ueno when you have half a day in the city center of Tokyo.

参考訳

この文書では、東京の都心で半日を過ごすとなったら、時間を有効に使えるおすすめのスポットを紹介します。

その一つは、東京の北東部に位置する浅草で過ごすことです。半日の息抜きの幕開けとして、まずは東京で最も古く、最も有名な仏教寺院である浅草寺を訪れましょう。さまざまなお土産や屋台料理を提供する伝統的な店が立ち並ぶ仲見世商店街を散策します。また、絵のように美しい街並みを眺められる隅田川沿いの船旅を体験し、歴史的な日本庭園である浜離宮に行くこともできます。

さらに、東京都心の西に位置する活気あふれるエネルギッシュなエリア、渋谷で東京のモダンな一面を体感するのも一案です。ハチ公像と記念撮影した後は、3000人以上が同時に集まることもある世界一賑やかな交差点を体験できますよ。渋谷センター街や渋谷109は、流行りのファッションを求めて買い物する人なら必ず訪れる場所です。加えて、近年では渋谷ヒカリエやMIYASHITA PARKなど新しいショッピングモールがこのエリアにいくつもオープンしました。

アートや文化に興味があるなら、上野公園がお薦めです。上野公園には、東京国立博物館、国立西洋美術館、国立科学博物館、上野動物園など、国公立の博物館や美術館があります。東京国立博物館の隣には寛永寺という歴史あるお寺があり、3月末頃に訪れると桜を楽しむことができます。

浅草、渋谷、上野など、都心での半日を楽しまれることを祈っております。

---

f. 日本の学校教育やその制度

プランニング例：

要点　日本の教育制度の特徴

根拠／詳細①　小中高など学校の仕組み

根拠／詳細②　カリキュラム

根拠／詳細③　課外活動

根拠／詳細④　試験の役割

This report provides a brief overview of the structure, curriculum, and unique features of Japanese schools, with insights into the educational environment, which will be helpful when sending your children to a Japanese school and for understanding your colleagues' educational backgrounds.

The education system in Japan is divided into three main levels: elementary school, junior high school, and high school. Elementary schools cover six years from the age of six, followed by three years of junior high school and three years of high school. Education is compulsory education for the first nine years, while high school education is optional. The academic year starts in April and ends in March, with a six-week summer break, a two-to-three-week winter break, and about a 10-day spring break.

The curriculum is standardized across the country. Foreign languages are taught as a mandatory subject throughout junior high and high school, and most schools chose English as the subject. Recently, students have started to learn English in the third year of elementary school. Students often wear uniforms and are expected to show respect to their teachers and classmates, which might show that Japanese education has traditionally put emphasis on order and discipline.

One of the unique features of Japanese schools is extracurricular activities, such as sports clubs and music groups. These play an important role in Japanese schools and provide opportunities for students to develop teamwork and leadership skills while pursuing personal interests outside of academic subjects.

In the Japanese education system, exams play a significant role on various occasions, such as evaluating student achievement at school and determining entrance to higher educational institutions. To get high marks, studying at school and at home is sometimes not enough, and a lot of students go to cram schools or "juku."

Understanding the characteristics described above will be important when you send your children to a Japanese school and will also help you to understand your Japanese colleagues' educational backgrounds.

参考訳：

本レポートでは、日本の学校の構造、カリキュラム、特徴、および教育環境についての見識を簡単に紹介し、お子さんを日本の学校に通わせる際に、あるいは同僚の方々の教育的背景を理解するに当たって役立つ情報を提供します。

日本の教育制度は、小学校、中学校、高校の3つのレベルに大きく分かれています。小学校は6歳から6年間、中学校は3年間、高校は3年間です。最初の9年間は義務教育で、高校教育は任意です。学年は4月から3月までで、6週間の夏休みと2～3週間の冬休み、10日程度の春休みがあります。

カリキュラムは全国で統一されています。外国語は中学・高校を通じて必修科目として教えられ、ほとんどの学校が英語を選択しています。 近年、小学校3年生から英語の学習が始まりました。生徒は制服を着用することが多く、先生やクラスメートに敬意を払うことが求められます。これは、日本の教育が伝統的に秩序と規律を重視してきたことを示しているのかもしれません。

日本の学校の特徴の一つに、運動部や音楽部などの課外活動があります。これらは日本の学校で重要な役割を果たしており、生徒が教科以外の個人的な興味を追求しながら、チームワークやリーダーシップのスキルを身につける機会を提供しています。

日本の教育制度では、学校での成績を評価したり、高等教育機関への入学を決めたりするなど、さまざまな場面で試験が重要な役割を果たしています。 高得点を取るためには、学校や家庭での勉強だけでは不十分な場合があり、多くの生徒が予備校や塾に通っています。

上記のような特徴を理解することは、ご自分の子供を日本の学校に通わせる際に重要であり、また、日本人の同僚たちの教育背景を理解する上でも役立つでしょう。

コラム④　Ms. 加藤の応援メッセージ

読んだだけで満足しないで！

　本章は、本書の中で最も重要なものの一つです。もし本書をわずか2ページでサマライズしなさいと言われたら、本章の最初の2ページがそれに該当するでしょう。この2ページを見て「そうか！」と納得して自分で書き始められる人は、どんどん書いていきましょう。書き慣れるのが一番の特効薬です。これから書く英文が格段に伝わりやすいものになるでしょう。

　「あの2ページだけではピンとこない」という方のために、その後のページに、英文を書く前のプランニングや書き方について詳しく書いてあります。そこで紹介した具体的な手順は、あくまでも一例なので、やりやすいように変更して構いませんが、鉄則は「いきなり書き始めないこと」「起承転結は忘れて、結論から書くこと」です。そして「本書を読んだだけで、書けるような気にならないこと」、つまり「必ず自分で書いてみること」です。「知っている」と「できる」は別物です。読んだ後、まだ記憶が新しいうちに、手を動かしてみましょう。

第5章

5段落ライティングを
根本から知る

前章で扱った5P-Bizは、Five-Paragraph Essayをビジネス向けにアレンジしたものです。ここでは、欧米では子どもの頃から叩き込まれるこの標準スタイルの成り立ちや構造を知り、その書き方を学びます。

欧米の大人の頭に標準インストール
されているルールを手に入れよう

　直前の第4章では、5段落程度の英文を効果的・効率的に書く方法——5P-Biz
についてお伝えしました。前章でも書いた通り、それは、私がネイティブの先生か
ら教わったものをベースにしたものでした。

　その後、自分なりの工夫や調査を続けるうちに、その基となる論法の存在を知
りました。Five-Paragraph Essay（ファイブ・パラグラフ・エッセイ）と呼ば
れる、学術論文で主に用いられる書き方で、**第4章で紹介した5P-Bizは、それを、
スピードを求める現代のビジネスの現場に合わせて私がカスタマイズしたものです。**

　ここでは、第4章の枠組みのベースになった論法がいかに米国社会で広く用い
られ、教えられているかを説明します。それを現代向けにカスタマイズした第4章
の5P-Bizがどれほど相手に伝わりやすいか、理解していただけるでしょう。

1　Five-Paragraph Essayは「説得するための文章」

　Five-Paragraph Essayとは、**意見や主張などを説得力ある形で伝える文章を
書くための米国生まれの枠組みで、5段落から構成される**ことから、こう呼ばれ
ます。

　Five-Paragraph Essayは、細かいルールも多く、また今ではこのスタイルに無
理にあてはめて書かせることに対して賛否両論があるものの、米国ではまだまだ
一般的で、中等教育からその書き方を教わり、大学に入る頃には大抵の人がこの
5段落での文章技法を身につけていると言われます。例えば、**大学では、皆がこの
スタイルで小論文が書けることを前提にレポート課題などが出ます。もし米国留
学を考えているなら、その前にこの枠組みを理解し、自分の見解をこの構造で伝
えられるように**なっていれば、現地で戸惑うことなく、最初から期待通りの成績
が取れる可能性が高いでしょう。

元々は研究者向けであり、後述するように約60年前に考案された枠組みのため、スピードを求める現在のビジネス環境では、ややまどろっこしい部分があるのは否めません。ただし、欧米、特に米国で一定以上の教育を受けた人々ならこの枠組みが頭に入っています。そのため、例えば、海外向けに製品やサービスを売り込む場合、特に**高等教育を受けた人を相手にするなら、この形式に近い構成でプレゼンや資料を用意すれば理解されやすく**なり、うまく説得できる可能性が高まります。

　ちなみに、エッセイとは、日本では「随筆」と訳し、「情感豊かに想いを自由に書いた文章」のことを言うことが多いのですが、英語のessayはそうではなく、「**ある話題について書いた文章**」のことです。必ずしも「感情」を書くものではありませんし、自由に書いてよいものでもありません。例えば、persuasive essay（説得力ある文章）という言葉がありますが、Five-Paragraph Essayのessayや学校の課題で出されるessayは、まさに「**説得するための文章**」であり、エッセイと聞いて「自由に書いてよいもの」と考えるのは、間違いのもとでしょう。

2　発端は「宇宙開発戦争」？

　ここで、Five-Paragraph Essayが生まれた経緯を少し紹介しましょう。これを知ると、なぜFive-Paragraph Essayが「伝わる」のか、それをよく理解できるでしょう。

　Five-Paragraph Essayの基本を示したといえる書籍"The Element of Style"改訂版が発行されたのが、1959年です。海外の教育ではもはや標準であるかのように教えられている、文章の書き方の法則が、実は戦後生まれで、まだ60年ほどしか経っていないということに少し驚かれたかもしれません。

　Five-Paragraph Essayが考案された背景には、**スプートニク・ショック**（1957年）があると言われています[1]。米国は、今も科学技術大国として有名ですが、第二次世界大戦においても、その科学技術をベースにした軍事力で連合国側を勝利に導きました。そのため彼らは、科学技術力に大きな自信を持っていました。しかしある時、ソ連（当時）が米国より先に人工衛星を地球周回軌道に乗せることに成功してしまいます。その時のソ連の打上げ用ロケットや人工衛星の名前がスプートニクです。科学技術では自分たちが最先端を走っていたと思っていたのに、ソ連に先を越されてしまい、米国を中心とした西洋諸国は大きなショックを受けま

1　宮本陽一郎,「課題研究シンポジウム STEM教育時代の英語とアメリカ」, 大学教育学会誌,大学教育学会, 41 (1), 35-39, 2019-05.

した。これがスプートニク・ショックです。

　米国は、世界一の科学技術大国に返り咲くため、研究開発の基盤を急速に立て直す必要に迫られ、さまざまな施策をスピーディに展開していきました。例えば、National Defense Educational Act（国防教育法）が制定され、大学の研究予算を一気に6倍に増額しました。その中の施策の一つが、論文の書き方のフォーマットを決めることでした。

　それ以前は、科学者たちは自由な形式で論文を書いていました。研究は、皆がゼロから行うわけではありません。先人の研究成果を踏まえ、その先に独自の研究を積み重ね、それを大勢が行っていくことで、社会全体の科学技術が進歩していきます。つまり、科学者たちが他の科学者たちの研究成果をどれだけ速く把握できるか、それが科学技術全体の進歩のスピードを決めていたのです。

　もし「**どこに要点を書くか**」「**その根拠をどこに書くか**」など、**すべての論文が同じ形式で書かれていれば、科学者たちは、他の研究者の論文を短時間で読むことができ、その共有された情報や知見を基に、スピーディに自分の研究を進める**ことができます。その成果がまた同じ形式で論文になれば、それを読む全国の優秀な科学者たちが、それを踏まえた研究をすぐに開始できるのです。

　こうしたさまざまな施策のおかげで、米国は、再び科学技術大国の座に返り咲き、今もそのポジションは揺るぎません。そして、大学や大学院で皆がこの方式で論文を書けるように、高校や中学で事前に、基本的な内容はさらに小学校の高学年から、少しずつ教えるようになりました。こうして、Five-Paragraph Essay が標準的な書き方として定着していったのです。また、Five-Paragraph Essay は、説得力があるため、**政治や法務、ビジネスでも使われる**ようになりました。ある意味、米国はこの論法で社会全体が動いているのです。ビジネスに限らず、日本では、さまざまな場面で米国と交流や取引があるでしょう。彼らの標準的な論法のベースとなっているものを知っておくことは、得にはなっても、損にはなりません。

■3　Five-Paragraph Essay の構造と、5P-Biz との違い

　Five-Paragraph Essay の基本形は、その名の通り、5つの段落から成ります。全体の構造は、次のようになっています。

イントロの段落

本文の段落1

本文の段落2

本文の段落3

結論の段落

第4章で紹介した5P-Bizではいきなり「結論」から始まっている

「あれ？　どこかで見たような」と思った方も多いでしょう。5P-Bizと近いですよね。大きな違いは、最初の段落がイントロになっていることです。

　なお、1960年代なら、イントロから始まる上記のスタイルが最先端の「伝わりやすい」書き方だったのかもしれません。しかし、現代はもっとスピードが要求される社会になっています。

　「エレベーターピッチ」という言葉を聞いたことがある方もいるでしょう。起業したばかりで出資してくれる投資家を探している時、偶然、アポが取れない有名なベンチャーキャピタリストと同じエレベーターに乗り合わせたとします。その投資家が下りていくまでの約30秒の間にもし話しかけてプレゼンをするなら、何をどう言うか。そんな想定のピッチ（＝プレゼン）のことです。

　目の前に降ってわいた千載一遇の30秒のチャンスに、前置きなど語ってはいられません。相手に一番響きそうな内容をまず伝え、興味を示されたとなるや、詳細を語る、根拠を語る、自分が何者かも語る、ということになるでしょう。

　現代では、Five-Paragraph Essayで言うような「イントロ＝前置き」ではなく、上記のピッチの例の通り、「**最も伝えたいこと**」を最初に**伝えるコミュニケーション・スタイルがより一般的**になっています。そのほうが、相手の時間が節約でき、こちらが相手の時間を無駄にしないよう配慮していることもうまく伝わり、また、短時間で重要な情報を的確に伝えるスキルを持っていることを伝えられるからです。だからこそ、前述の私の先生は、ビジネススクールの入学準備をしていた私に教えるべき書き方として、Five-Paragraph Essayを少しシンプルかつ現代風に変えたものを教えてくれたのかもしれません。

4 Five-Paragraph Essay を書くための決まり事

Five-Paragraph Essayには、前述の「5段落で書く」だけでなく、下記のような細かい決まり事があります。詳しい構造をお見せしながら、説明していきます。

【Five-Paragraph Essay の構造】

イントロの段落	導入文 主に伝えたいメッセージ（結論） 次につなぐ言葉
本文の段落1	トピック文1 　事実／証拠／詳細その1 　同　その2 　同　その3
本文の段落2	トピック文2 　事実／証拠／詳細その1 　同　その2 　同　その3
本文の段落3	トピック文3 　事実／証拠／詳細その1 　同　その2 　同　その3
結論の段落	結論の念押し 締めの言葉

　まず冒頭の**イントロ**の段落では、読み手がすんなり**その話題に関心を持てる**ような導入文を最初に書き（例　そろそろ夏休みですが、旅行は休暇の過ごし方としては上位に入ります）、その後、いくつか**話をつなげた後**（例　ABC旅行社の調査によれば、…）、自分が主に**伝えたい要点**を語ります（例　数日間の休暇が取れるなら、海外旅行に行くのを推奨します）。最後に、**それ以降に何を書くか**を伝える文を書いて（例　その理由を3つ説明します）、段落を終えます。イントロの段落はここまでです。

　本文の段落は3つあります。イントロの段落の末尾で「この後に、理由を3つ説明する」ことを宣言していますから、**3つの段落の中身**は、**メインの結論や主旨の論拠**を書くことになります。

左ページの図にある「トピック文」は、第3章で説明した「トピックセンテンス」のことです。3つの「トピック文」は、イントロや結論の段落で書く、この文章全体の「結論」の根拠という位置付けです。各「トピック文」は、各段落にとっては「結論」であり、それを支える補強材料がそれぞれの段落に3つずつ書かれます。つまり、下図のような入れ子構造になっているということです。

```
結論

　根拠1

　　根拠1-1・根拠1-2・根拠1-3

　根拠2

　　根拠2-1・根拠2-2・根拠2-3

　根拠3

　　根拠3-1・根拠3-2・根拠3-3

結論
```

　つまり、1つの結論を3つの大きな材料で支え、**各材料もさらに3つずつの材料で支えて**、全体のメッセージの説得力を上げていく、という構造です。

　そして、最後の段落では、最初に述べた主メッセージを、多少形を変えて再度述べるか、さらに一歩進めたものにし、結論として書いていきます。

5　ビジネスではどこまで踏襲すべき？

　あくまでも私見ですが、ビジネスの現場では、普段は、上記の詳細は忘れてよいでしょう。

　もしビジネスの現場で、上記を念頭に置いてFive-Paragraph Essayスタイルで書く必要がある場面があるとすれば、例えば、**出典などをしっかり示して書く数十ページにもなるような分析レポートを書く時**などでしょうか。

　日常的な報告や短いレポートなら、第4章で説明したような「主旨や結論を冒頭に述べ、続けてその根拠や詳細を書いて、最後にもう一度、主旨や結論を念押し

する」という全体の構成を意識する程度で十分でしょう。

　どんな場面でも忘れてはならないのは、要点や主旨、結論といった、**忙しい相手が最も知りたいと思われるポイントを最初に伝え、その根拠や詳細をその後に伝える**という構成です。

　Five-Paragraph Essayに関する説明は、以上の通りです。下記の例題をやってみましょう。

✱ 英文の準備としてまずはメモを作る

　例題30：「数日間の休暇が取れるなら海外旅行に行くのを推奨する」という主旨で、説得力のあるFive-Paragraph Essayスタイルの英文を書くための準備として、メモを作りなさい。メモは日本語で構わない。5段落それぞれの内容を書き出してみよう。

イントロ段落：
　導入
　主旨　数日間の休暇が取れるなら、海外旅行に行くべきだ。
メイン段落①：
　トピック文：
　根拠1
　根拠2
　根拠3

メイン段落②：
　トピック文：
　根拠1
　根拠2
　根拠3

メイン段落③：
　トピック文：
　根拠1

根拠2
根拠3

最後の段落：

　主旨　数日間の休暇が取れるなら、海外旅行に行くべきだ。

✴ メモに沿って英文を書いてみる

例題31： 作成したメモの内容で、Five-Paragraph Essayのスタイルの
英文を書きなさい。

解答例

例題30：

イントロ段落：

　導入　そろそろ夏休み。旅行は、休暇の過ごし方としては上位に入る。
　　　　観光庁や日本生産性本部の統計で余暇の潜在需要1位は「海外旅
　　　　行」。

　主旨　数日間の休暇が取れるなら、海外旅行に行くべきだ。
　　　　その理由を説明しよう。

メイン段落①：

　トピック文：海外旅行は、気分転換には最高。

　根拠1：気分転換には、場所を変えるのが一番。特に外国なら、大きな
　　　　　変化。

　根拠2：場所が変われば、気候も食事も時間の感覚も変わる。

　根拠3：気分転換できれば、帰国後はきっといい仕事ができる。

メイン段落②：

　トピック文：海外旅行は、異文化や多様性を経験する良いチャンス。

　根拠1：日本国内では、多様な価値観に触れられない。

　根拠2：国が違えば、環境や価値観が大きく異なる。

　根拠3：普段と違う環境なら、良いアイデアが浮かぶだろう。

トピック文：海外旅行は、英会話を試すチャンス。

根拠1：日本国内では、英会話スクールくらいしか試すチャンスがない。

根拠2：英米豪など、周囲は英語ネイティブ。他の国でも英語を話す人は多い。

根拠3：話せて通じた経験は、今後の勉強のモチベーションUPにもなる。

最後の段落：

主旨　数日間の休暇が取れるなら、海外旅行に行くべきだ。

例題31：

The summer holiday season is coming soon in Japan. Travel is one of the top leisure activities. Among various kinds of travel, international travel is the leisure activity with the most significant unmet demand, according to surveys by the Japan Tourism Agency and Japan Productivity Center. If you can have several days off, I recommend you go abroad for a trip. I will explain my reasons.

Firstly, an overseas trip is the best way of changing your mood. If you go to another country, it can be a significant change. With a change of location, you will experience a change of climate and different types of food, and time will fly. If you can effectively change your mood, you'll be reenergized to work after the trip.

Secondly, an international trip can be a good opportunity to experience a different culture and diversity. Japan has a lot of variety throughout the country, but its diversity is limited. If you go to a different country, you'll find a different environment and different values. Being inspired by these differences can help you to see the world in a different light.

Thirdly, an overseas trip can be a good opportunity to speak English. In Japan, your opportunities to speak English are limited, such as at an English conversation school and so on. However, if you go to countries such as the U.S., the U.K., and Australia, the people around you are likely native English speakers, so you will need to speak English to eat lunch, buy souvenir items, take a bus, etc. Even in other countries, there are many English speakers with whom you'll be able to communicate. If you can successfully communicate in English, that experience can further motivate you to study English.

As I have written above, if you can have several days off, I would recommend you go on an international trip. It can positively affect your work after the trip, and it can give you a wonderful new perspective. It can also be a good opportunity to practice English. Why not start planning your trip now!

コラム⑤ Ms. 加藤の応援メッセージ

ビジネスなら5P-Bizを、学術論文ならFive-Paragraph Essayを

Five-Paragraph Essayについては、初耳だった方も多いかもしれません。私がこの手法を知ったのはほんの数年前です。長年の疑問を解決してくれる、私にとってここ最近で最大のAh-ha.の瞬間でした。留学時代のクラスメートやノンネイティブVIPによる「英語が多少たどたどしいのに話全体としては説得力がある」あの伝え方のベースにはこれがあったのか、なぜ日本で教えていないのか、と目から鱗が落ちる思いでした。

一方で、Five-Paragraph Essayに関しては、型にはめて書かせることに対する批判など、米国でも議論があると聞きます。また、60年以上前に提示された文章構造ですから、スピードを求められる昨今のビジネスの現場では、ややまどろっこしい感じがするのは否めません。

ビジネス向けには、結論から先に伝えるなど順序を変え、よりシンプルかつストレートにすれば、より効果的でしょう。そのために、第4章で紹介した5P-Bizが生まれました。留学先で論文を書くなら、Five-Paragraph Essayを思い出しましょう。状況に応じて、使い分けができればベストです。

第6章

小冊子レベルの
長い文を
わかりやすく書く

目次や前書きなどもついた小冊子レベルの長い英文について、
読みやすく伝わりやすい書き方を学びます。本章では、長い文を
効率よく読むノウハウも得られます。

「拾い読み」できる文章を書くコツをつかもう

　ここまで、個々の文や数段落くらいまでの文章の書き方について、そのコツをお伝えしてきました。皆さんの中には、小冊子と呼べるほどの分量の英文を書かねばならない方もいらっしゃるでしょう。本章は、そんな方のために、前章まで説明してきた方法で書いた文章を組み合わせ、**長文なのに読みやすくて伝わる**文章にする方法を説明します。今は要らないという方も、必要になった時に本章の存在を思い出してみてください。

　なお、冊子でほぼ必ず必要になる「出典」の書き方は、次の第7章で説明するため、本章では省略します。

1　長い文章は、拾い読みされる前提で書く

　目の前に小冊子があるとして、あなたはそれを1ページ目の1行目から順番に最後まで読むでしょうか？　時間のある真面目な方はそうするかもしれませんし、小説ならそう読むでしょう。しかし、実務的な内容なら、実際には多くの人は「拾い読み」をします。忙しい現代社会では、ごく自然なことです。そのため、長文は、**効率的に拾い読みできることが重要**であり、それができる文章が、読み手に親切な文章といえます。つまり書き手としては、長文は、**拾い読みされる前提で書くべき**ものなのです。

　では、拾い読みができる長文、つまり、どこに何が書いてあるかすぐわかる文章にはどんな要素があるでしょうか。

　もし「読む側の立場」なら、目の前にある小冊子の内容をざっと把握したい場合、どうしますか？　とりあえずぱらぱらと、その小冊子のページをめくりますか？それはおすすめしません。開いたページに適切な情報が見つかるかは、運任せでしょう。では、どうしたら、言葉の海の中から自分が欲しい情報をすぐに見つけ出せる

でしょうか？

　私なら、まず**目次**を見ます。目次をざっと見ると、**その文書にどんな内容が盛り込まれているかわかる**からです。特定の情報を探している場合は、並ぶ見出しの中に自分が欲しい情報に関連する言葉があるかを探し、うまく見つかれば、そのページを直接開くことができます。それ以外の部分を読まないこともあります。それでいいのです。

　「書き手の立場」で考える場合、書く文章が冊子になるほどの分量なら、必ず ① **目次をつけ、②　その見出しを見ただけで「そこにどんな内容が書かれているか」わかるように**すればよいのです。そして、その目次に並ぶ「見出し」は、抽象的なものではなく、読めば具体的な内容が類推できるものにしましょう。特別な意図がある場合を除き、**見出しにサプライズは不要**です。

　また、私が読む側なら、さらに、冊子の**タイトル**（出版された本なら帯や表紙も）や**前書き**（Preface）、**後書き**をざっと見ます。こうした部分を見れば、その文書の「**想定読者は誰**」で「**何を狙って**」いて「**どんな情報を盛り込んでいるか**」がわかります。これで、その冊子の内容をおよそ予想することができます。

　こうしたことから推察していただけると思いますが、書き手としては、読み手が必ずチェックするこうした場所に、それにふさわしい内容をしっかり書いてあげると、読み手に親切な文章となります。そうなるよう、心がけましょう。

2　長い文書は、見出しも構造化する

　長い文書なら、さまざまなレベル感の内容が含まれていることが多いでしょう。概要や全体像を語る内容もあれば、一部について詳細に語る内容もあるでしょう。そんな多様なセクションを同じレベルで並べてしまうと、わかりづらくなります。見出しは、**その内容やレベル感によって階層化**しましょう。例えば、次ページの図で左の欄にあるように、すべて 1. 2. 3. …と並べていくのではなく、右欄のように、**必要に応じて、3-1. 3-2. などと複数の階層を使う方が読み手にわかりやすく**なります。なお、3-1. などと全ての階層を並べて書く方法もあれば、その階層の番号や記号（(1) や①、a、ⅱ など）だけを書いていく方法もあります。前者は技術的及び学術的な文書でよく採用され、後者は一般的な文書でよく見かけます。

× 単純に要素を並べる	○ 要素を階層化する

1. 5段落の英文をプランを立てて書く
2. 5段落の文を簡単に書くテンプレート
3. プランニングの重要性
4. Step-by-Step演習：プランニングの初期段階から実際に書くところまで
5. マインドマップ
6. 重要なものに絞り込む
7. 最も伝えたい内容とその補強材料
8. 書く順序を決める
9. 英文を書いていく
10. 演習：別のテーマで書いてみる
11. 演習：機械翻訳
22. 演習：100万円当たったら
22. 演習：電気自動車（EV）
	第4章 5段落の英文をプランを立てて書く
	  1. 5段落の文を簡単に書くテンプレート
	  2. プランニングの重要性
	  3. Step-by-Step演習：プランニングの初期段階から実際に書くところまで
	    3-1. マインドマップ
	    3-2. 重要なものに絞り込む
	    3-3. 最も伝えたい内容とその補強材料
	    3-4. 書く順序を決める
	    3-5. 英文を書いていく
	  4. 演習：別のテーマで書いてみる
	    4-1. 演習：機械翻訳
	    4-2. 演習：100万円当たったら
	    4-3. 演習：電気自動車（EV）

3 長い文書は、構造のプランニングが命

どんなに運が良くても、「なんとなく書いたら自然にまとまった内容になった」という偶然は、なかなか起こりません。「前書き」や「後書き」以外の**本文の部分について、意識的にしっかりとした構造**にしなければなりません。そして、「どういう話の流れにするか」についての**プランニング**には、しっかり時間をかけるべきでしょう。プランニングなしになんとなく書き始めてしまうと、話が右往左往する、わかりづらい文章になってしまいます。

では、どう構造化するのでしょうか。まず、その構造の最も小さな単位である段落について、再確認しましょう。

4 段落再び：「1段落に1トピック」のルール

長い文章は、複数の段落をまとめて、1つの意味的なかたまりを作り、それをさらに複数組み合わせて作っていきます。前述の通り、英語では、**1つの段落**

(paragraph)には1つの話題だけを書きます。話題が変われば改行し、段落も新しくします。日本語では、意味の固まりごとに区切ることが多いのですが、「話が変わると必ず段落を切り替える」という明確なルールはありません。最初は慣れないかもしれませんが、英語を書く時には意識的に、**話が変われば段落を改める（＝改行する）**というルールで書き続けることが重要です。

　なぜここまで、段落にこだわるのでしょうか。それは、**1つの段落に複数の要点を書いてしまうと、段落の冒頭だけを拾い読みをした人が、段落の後半にある別の重要なポイントを見落としてしまう**からです。拾い読みに対応した英文にするには、**同じ段落に複数の要点を入れない**ことがポイントです。長文になればなるほど、全文を読む人は減ってきます。少なくなるため、この「拾い読み対応」の書き方は、重要になってきます。

　ただし、話題が変わらなければ、1つの段落をどんなに長くしてもよいというわけではありません。長くなりすぎれば、当然読みづらくなります。それを避けるために、たとえほぼ同じ話題が続いている場合でも、**一定の量でうまく話を区切り**（例：10行前後）、次の段落へと切り替えていったほうが、読みやすい文章になります。

　なお、インターネットの普及以来、人々は、ウェブサイト上の文章を読むことが増えています。往々にして、ウェブサイト上の文章は、個々の段落も短く、1文も短くなっています。そんな短文に慣れた人が多い状況で、**大勢の人に読んでもらいたいなら、1文も段落も、短くなるよう**、例えば5行程度で段落を切り替えていくのがお勧めです。

5　エグゼクティブ・サマリー

▌半～数ページで要点を網羅

　文章が長く、提案書や事業計画など、「ビジネス用途」の文書の場合は、目次のすぐ後に「**エグゼクティブ・サマリー**」というセクションを置くことをお勧めします。これは、長い文書を全ページ読む時間があるとは思えない多忙なエグゼクティブを相手に、「**どうしてもここだけは読んでほしい**」と思う内容を簡潔にまとめたサマリーです。

　文書全体の長さによって、サマリー部分の長さも変わります。例えば、**文書が**

10ページ程度なら、数段落から成る半ページ程度のサマリーにしておきましょう。もっと長い数十ページの冊子でも、サマリーは1〜3ページ程度にしておけば、忙しい相手にも読んでもらいやすいでしょう。確実に読んでもらうためにも、サマリー部分は短く、簡潔かつ的確にするべきです。内容的には、「ここしか読まない人もいる」可能性を踏まえ、重要なポイントをすべて含み、「**これだけ読めば、要点はすべてわかる**」ようにしてあるのがよいでしょう。

重要な具体的情報が求められる

なお、サマリーだからといって、抽象化しすぎて重要な具体的情報が落ちてしまってはいけません。**重要な具体的情報こそ、読み手のエグゼクティブが欲しがる情報**なのです。例えば、「総力をあげて売上を増やして〇〇市場でトップシェアを狙います」には、説得力を増す具体的な情報が何もありません。単に「がんばります」と書いているようなものです。これがもし、「新製品ABCの発売と販売チャネル△△の追加で、売上を対前年比で25％増にし、〇〇市場で首位のシェア20％を狙います」と書いてあれば、説得力が増しますし、印象がまったく違ってくるでしょう。

まず、「**数字で（効果的に）語れる**」書き手であることを読み手に示すことができます。また、重要な情報をチラ見せできるということは、「その情報がキーになると理解している」書き手であることを示せます。そんな書き手の文書なら、忙しい相手でも、長い文書全体を読む時間をわざわざ確保してもらえるかもしれません。

箇条書きはNG　文章で結論まで書く

また、エグゼクティブ・サマリーの形式は、**複数の段落から成る文章**です。「サマリー」と聞くとつい箇条書きで書いてしまう方がいますが、英語ではこれはお勧めしません。エグゼクティブ・サマリーは、原則として、**文章でひたすら書いていく**スタイルがおすすめです。**箇条書きでは書かない**ようにしましょう。

理由の1つは、**箇条書きでは、意図した通りに伝わらない可能性**があるからです。箇条書き、特に短い名詞句を列挙して書く場合、それが「どうなのか」を結論部分まで書いていないことが多く、その結論の解釈にさまざまな可能性が出てしまいます（例：「・新製品〇〇」では、それを「開発」するのか「発売」するのかわかりません）。文章で書けば、その位置付けやそれを「どうするのか」、結論まで述べることになり、意図が伝わりやすくなります。

もう１つの理由は、箇条書きのみというスタイルがエグゼクティブ向けのメッセージとしては不適切だからです。例えば、小見出しをつけるのは、エグゼクティブ・サマリーがやや長くなった場合、読みやすくまとめる手法としては効果的です。一方で最初から最後まで**箇条書きを列挙するだけにすると、事務的なメモのような印象**になります。経営層などのエグゼクティブに好意的に読んでもらいたいならば、文章として読める形で書き、箇条書きは列挙が必要な部分だけにしておきましょう。

　ここまで「長いけれど読みやすい文章」にはどんな要素があるか、説明してきました。

　では、本文をどう構造化していけばよいでしょうか。実務的な内容の「小冊子くらいの長い文章」においては、**数段落のひとまとまりの内容を１つのブロックとし、それぞれに小見出しをつけ、そんなブロックを積み上げて**、話を展開していきます。各ブロックの中の構成は、Five-Paragraph形式でも第４章で紹介した5P-Bizでも構いませんが、同じ文書の中では、１つのスタイルに統一したほうが読みやすいでしょう。

　本文部分で各ブロックをどう並べるか、その順序には決まったルールはありません。内容次第で変えて構いません。

　ただしここでも、国語の時間に習った**「起承転結」は忘れてください**。例えば、要点や結論につながらない「転」を入れてしまうと、話が脇道へそれたり逆行したりしてしまいます。どうしても言及する必要がある場合を除けば、「ところで」と語る「転」に相当する話は盛り込まないようにし、前から後へと一直線に話がつながってスムーズに流れていくように工夫しましょう。

　何を書くか、その内容については、マインドマップやリストで書き出して、検討されたと思います。手順としては、そこに出てきた内容のうち、**近い内容をひとまとめにして１つのブロック**とし、各ブロックをどんな順序で語れば効果的に伝わるかを考えて**全体の構造のプランニング**をし、各セクションの中は、Five-Paragraphや5P-Bizの「結論→根拠（複数）→結論」の構造にして、重要なポイントをもれなく書いていきます。以下がその流れです。

- 書く内容の洗い出し（マインドマップ、リストなど）

↓

- 結論／メインポイントを決める

↓

- その説得力を増すことができる根拠／詳細を３つ探す

↓

- ３つをどの順序で書くか決める

↓

長い文書なら

- 結論や根拠／詳細のセクションや、その他に盛り込むべきセクションを、どう並べるかを考える

　本文の前には、冒頭から「前書き（Preface）」、「目次（Table of Contents）」、「エグゼクティブ・サマリー（Executive Summary）」、「イントロダクション（Introduction）」を置き、本文部分の後には、再び結論を語る段落を置き、必要に応じて、**後書き（Postscript）**、**参考文献の一覧（References）**や**索引（Index）**といった**巻末資料（Appendix）**を置きます。

　各要素を右の表にまとめておきます。初めて書く場合には、参考にしてください。

●小冊子レベルの文書の構成要素

標題　例	内容　例	備考
Cover （表紙）	タイトル、作成者、日付など	短い文書にはつけないことが多い
Preface （前書き、はじめに、序文）	挨拶、文書の概要や狙い、誰に向けた文書かなど	短い文書にはつけないことが多い
Table of Contents （目次）	後続する全ページについて該当する目次	短い文書にはつけないことが多い
Executive Summary （エグゼクティブ・サマリー）	全文を読む時間のないエグゼクティブのために作った短いサマリーで、重要なポイントをすべて含み、文章で書く	ビジネス向けの文書につけることが多い
Introduction （導入、序論）	本文を読む前に前提知識として知ってほしい内容、内容や範囲を限定している場合にその詳細、何らかの断り文	ビジネス向けの文書など、つけない場合もある
〈本文〉	近い内容をまとめた**セクション**を組み上げて作る	内容次第／語りたい順序次第で大きく変わる
Conclusion （結論）	結論を再度念押し	非常に短い文書にはつけないことがある
Postscript （跋文、後書き）	前書きに対応する文章	短い文書やビジネス向けの文書にはつけないことが多い
Appendix （巻末資料）	Index（索引） References（参考文献一覧）	学術や研究目的の文書につけることが多い

　前書きはない場合が多く、また短めの文書の場合は、目次もないことがあります。いきなりエグゼクティブ・サマリーから始まり、イントロダクション、本文へと流れる文書が多く、また、参考文献一覧や索引といった巻末資料は、研究や学術目的の文書や分析レポート、白書以外ではつけないこともよくあります。

✴ 本章の概要を理解したか確認しよう

例題32： 下記の各文に対し、設問の右に書かれている（はい／いいえ）の
うち、適切なほうを選びなさい。

1. ビジネスでは、拾い読みができるのは良い文章だ。（はい／いいえ）
2. ビジネスでは、長文でも目次はつけない。（はい／いいえ）
3. 見出しの階層化は、歓迎されない。（はい／いいえ）
4. 英語では、話題が変わると段落を区切り直す。（はい／いいえ）
5. 見出しには、その内容を具体的に書かず、読み手を驚かせる仕掛けがあ
   るほうがよい。（はい／いいえ）
6. エグゼクティブ・サマリーは、エグゼクティブが書くもので、そうでな
   い人は書くことを考えなくてよい。（はい／いいえ）
7. エグゼクティブ・サマリーは、サマリーなので、具体的な情報はできる
   だけ省き、抽象化すればするほどよい。（はい／いいえ）
8. エグゼクティブ・サマリーは、全体を箇条書きで書くほうがよい。（はい／
   いいえ）

✴ 小冊子レベルの文書の構成要素を確認しよう

例題33： 次に記した文書の「要素」はどの部分に入れるべきか。（a）～（b）
の「場所」のリストから選びなさい。なお、2つの要素が共通の場所に対応
する場合がある。

要素：

（1） 分析の根拠となるデータの紹介（　　　　　）
（2） 参考文献（　　　　）
（3） 忙しいVIP向けのサマリー（　　　　　）
（4） メインポイント（　　　　）
（5） 本文を読む際に役立つ前提知識（　　　　　）

(6) 挨拶（　　　　　）

場所：
(a) 前書き
(b) イントロダクション
(c) 本文
(d) 巻末資料
(e) エグゼクティブ・サマリー

解答

例題32：
1. ビジネスでは、拾い読みができるのは良い文章だ。（はい）
2. ビジネスでは、長文でも目次はつけない。（いいえ）
3. 見出しの階層化は、歓迎されない。（いいえ）
4. 英語では、話題が変わると段落を区切り直す。（はい）
5. 見出しには、その内容を具体的に書かず、読み手を驚かせる仕掛けがあるほうがよい。（いいえ）
6. エグゼクティブ・サマリーは、エグゼクティブが書くもので、そうでない人は書くことを考えなくてよい。（いいえ）
7. エグゼクティブ・サマリーは、サマリーなので、具体的な情報はできるだけ省き、抽象化すればするほどよい。（いいえ）
8. エグゼクティブ・サマリーは、全体を箇条書きで書くほうがよい。（いいえ）

例題33：
(1) 分析の根拠となるデータの紹介　　(c) 本文 または (d) 巻末資料
(2) 参考文献　　　　　　　　　　　　(d) 巻末資料
(3) 忙しいVIP向けのサマリー　　　　 (e) エグゼクティブ・サマリー

（4）メインポイント   （c）本文

（5）本文を読む際に役立つ前提知識   （b）イントロダクション

（6）挨拶   （a）前書き

解説

例題33（1）は、本文を読む際にその場で見てほしいデータで、簡潔に示せるものなら、（c）本文がおすすめです。一方で、紹介したいデータが多いなら、あるいは必ずしも本文を読む際に見てもらわなくてよいなら、（d）巻末資料がよいでしょう。

コラム⑥ Ms. 加藤の応援メッセージ

長い英文を読む時にも役立ちます

「ここまで長い文書を書くことは滅多にないから、書き方を知っていても意味ないよ」と思うかもしれません。でも、長い文書には、長い文書をきちんと読ませるための仕掛けが満載です。その仕組みを知っていれば、書く際に役立つのはもちろん、自分が長い文を読む側に回った時にも、効率的な拾い読みができます。

また、テクニカルすぎるので本文では取り上げませんでしたが、かなり長い文書をほぼ一人で書かねばならない時は、Wordの機能が便利です。「スタイル」機能をしっかり理解し、本文の各見出しに適切なスタイルを適用しておけば、目次を自動生成できます。脚注や文末注もWordの機能で簡単に作れます。

デジタルなツールがどこまでやってくれるのか、そして、どうすれば文が伝わりやすくなるのかを把握していれば、筆者は中身の精査と執筆に注力できるのです。そして、これらのコツは、日本語の長い文書についても有効でしょう。

第7章

出典や引用元、参考文献をどう載せるか

日本では出典記載についてはあまりうるさく言いませんが、グローバルでは違います。文書作成時に使った資料やデータを記載する際のルールや方法をきちんと理解しておきましょう。

出典をしっかり書けば、
きちんとした印象をもたれるよ

　提案書や報告書、分析レポートなどで、自分が書いた文章の根拠として、ネットや書籍で見つけたグラフやチャートなどを入れることがあるでしょう。日本語なら、グラフやチャートの下に「**出典**」「**出所**」として、情報源などを記載しますよね。あれを英語ではどう書くでしょうか。

　また、分厚い報告書や年次報告書、白書レベルといった文書では、ページ下部や巻末に「**参考文献**」が当たり前のように並んでいます。自分が書く立場になった時、あれをどうやって作ればいいのでしょうか。この章はその話です。

　日本語、特にビジネス系の文書では、出典や参考文献の記載をしないことも時にはあるかもしれませんが、**英語の文書の場合、特に海外の組織の上層部も見る文書なら、出典の記載はきっちりしたほうがよいでしょう**（理由は次項を参照）。

　図やグラフの下に出典をつけるといった日常的に行う簡単なものから、分厚いレポートの文中で引用先を示して巻末に参考文献のリストをつけるといった本格的なものまで、その基本をざっと説明します。基本がわかれば、少なくともビジネスの現場レベルでは、出典の記載は難しくありません。

1　なぜ情報源を示す必要があるのか

　そもそも、**なぜ自分が他所から持ってきたデータや資料の情報源を示すべきな**のでしょうか。科学技術振興機構が冊子『参考文献の役割と書き方』[1]の中で「参考文献の役割」を4つ紹介しています。

① **自身の論文の新規性、独創性、信頼性の明確化**

---

[1]　独立行政法人科学技術振興機構、『参考文献の役割と書き方：科学技術情報流通技術基準（SIST）の活用』（SIST 02）、2011年3月、https://warp.ndl.go.jp/info:ndljp/pid/12003258/jipsti.jst.go.jp/sist/pdf/SIST_booklet2011.pdf、2023年9月アクセス。

② 先行する著者（先人・先輩）に対する敬意

③ 出典の明示

④ 読者に対する情報提供

　このうち、ビジネスの場面で最も役立つのは①、つまり、第三者が作成した権威ある情報や価値ある情報を示し、それに沿った論理展開や、あるいはそれとの大きな違いを示すことで、**自説がどれほど信頼できるのか**、或いは**どれだけ画期的なのかを示す**ことができることでしょう。またご存じの通り、オリジナルの著作者の権利を守る著作権法があります。情報源を示すことは、**法令を遵守**していると示すことにもつながります。

　逆に言えば、**出典を示さずに**第三者が作った情報を資料に使ってしまうと、それは「**自分は、著作権を軽視している上に、どこで拾ったかもわからないデータを根拠に堂々と持論を述べる人物だ**」と言外に伝えることになります。「えっ？　そこまでひどく言う？」と思った方に考えていただきたいのが、学歴に関する海外の環境です。

　日本企業や官公庁では、一部の技術系企業や組織を除けば、上層部や専門的ポジションは、今も四年制大学卒業者が大半です。ところが、**欧米、最近は途上国でも、管理職や専門的ポジションには文系を含めて修士や博士が大勢**います。マネジャーレベルの人と名刺交換をすると、そこにMBAやPh.D.などの学位が印字されていることは珍しくありません。学位論文の執筆では、出典の表記や参考文献の記載をがっちり求められます。それを当たり前のようにこなしてきた人たちにとって、**参照先を示さないデータを堂々と載せてそれを根拠に結論を述べてくる文書の信憑性がどれほど低く見えるか**、考えてみてください。逆に、きちんとした形で出典を記載していれば、それだけで、その書き手の知的レベルや常識レベルの高さを示すことができるのです。

2　情報源を示す時の基本的方針

　情報源を提示する際の基本的方針は、以下の通りです。

① 文書中のどの部分が第三者の著作物／データ／情報からとってきたものかを明示する

② 探そうと思えばその**情報源にたどりつける程度の詳しさで参照先情報を示す**

　上述した本来の目的（「作成した資料の信憑性を高める」など）を考えれば、ここで示した基本方針に納得していただけるでしょう。例えば、その文書の読み手が「ここにこう書いてあるけど、本当かな？」と思った時、その部分の根拠である情報源にスムーズにたどりつけるようにきちんと出典が示されていれば、すぐに信頼してもらえるでしょう。そんな効果があるのです。

　また、学会や大学、専門誌など、組織や媒体によってさまざまな書式のルールがあるため、**世界で唯一の正しい書式などはありません**。そのため、「特定の学会に提出する論文」や「特定の雑誌に掲載してもらう論文」、「大学で指定された書式で書く課題」といった場合なら、その提出先の書式ルールを手に入れ、それに則って出典や参考文献を書く必要があります。しかし、そうではない場合、例えば、社内や部門内の書式ルールが特段決まっていない企業が社外に示す報告書といったケースでは、**参照先の情報源にたどりつけるだけの十分な情報量をわかりやすく一貫した書式で示してある限り、書式は自己流でも構わない**のです。ただし、「わかりやすさ」は人によって違います。一般的によく用いられている書式に近いものほど、わかりやすいと感じる人が増える可能性が高いので、有名な書式を参考にするとよいでしょう。

　「引用」や「参考文献」に関して、どんな書式でも共通する基本的な示し方を、次項で紹介します。

3　書き方① ── グラフや図の下に出典をつける

　まず、書き方の最もシンプルなパターンとして、グラフや図の下に出典を示す方法について説明します。

　グラフや図の下に出典を表記する場合は、右ページの例のように**Source:** という項目名の後に、情報源の**文書のタイトル**（Sales Report）と**作成者**（Company ABC）、**作成時期**（April 2023）をカンマで区切って記載することが多いです。

　なお、以下の書式は、あくまでも一例であり、それぞれの書式ルールによって、実際には異なります。出典の書き方については、p.238以降で説明します。

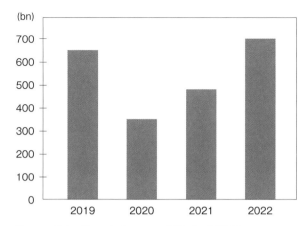

Source: Sales Report, Company ABC, April 2023.

　記載スペースに余裕がある場合は、例えば情報源がウェブサイトの場合、その **URL** などを含めた記載にすることがあります。逆に、スペースが限られる場合は、作成者と作成日、作成時期を年のみで書くケース、または作成者のみ示すケースなどがあるでしょう。

　なお、スペースの制限もあり、これだけでは、その参照元の情報を詳しく示すことはできません。詳細を示す場合は、上記の Source: 部分の末尾に、注の番号をつけ、そのページの最下部や文書末にその注の番号に対応する詳細を記載するとよいでしょう。

　また、情報源に掲載されていた図やグラフをそのまま載せる場合は、上記の通りでよいですが、その情報をベースに文書の筆者が自分でグラフを作ったり、わかりやすい形に変えたりした場合は、「〇〇を基に筆者作成」といった記載に変える必要があります。

4　書き方② —— 引用・参考文献を紹介

　文書を作成する際、第三者が作成した記事やデータを活用する方法は、主に3種類の活用方法があります。
① 元資料の文言を**そのまま**文中で**直接引用**
② 元資料の考えやデータを**言い換えて（サマリーにして）**文中で紹介（**間接引用**）

③ その分野や概念の理解や検討などのために「**参考文献**」として使用

　引用する場合（①②）、学術論文では、引用した論文の著者名やその作成時期などを本文中の（　）内に記載する書式を採用することも多いです。しかし、その記載方法では本文中のスペースを多く取られてしまうため、**ビジネス系のレポート**では（例：官公庁の白書やコンサルティングファームによる分析レポート等）、**該当箇所の右肩に小さな脚注番号を振り**、脚注（同ページの最下部）や文末注（文書末にまとめて列挙）の**同じ番号の箇所に情報源の詳細を書いたり、注釈を書いたりするほうが一般的**です（p.234、239参照）。

　引用せずに③の「参考文献」として活用しただけの場合、記載方法はシンプルです。書こうとしている文書の末尾に「参考文献」のセクションを作り、その中に文書名などを列挙すればOKです。自分が書いた本文中の「どこで」その参考文献を使用したかを書く必要はありません。

5 　書き方③──さまざまなルール

　情報源である出典の情報をどう記載するか、世界にはさまざまなルールが存在しています。英文エッセイでの出典の書き方を日本語で説明している本やウェブサイトが結構ありますが、大抵はそのうち１つの書式だけを紹介しています。それだけを見ると、世界にルールはその１つだけだと勘違いしかねませんが、実際には主要なものだけ数えても５つはあります。

　日本では、前述した科学技術振興機構の小冊子『**参考文献の役割と書き方：科学技術情報流通技術基準（SIST）の活用**』が発行されたのが2009年でした。SIST（Standards for Information of Science and Technology）は、同機構が科学技術情報の流通を円滑にするために設けた基準であり、参考文献の書き方の基本的なルールを提示したものだと考えられます。ただし、残念ながらSIST事業は2011年で終了しており、2011年版を最後にそれ以降は更新されていません。本書執筆時点では、国会図書館のオンラインアーカイブにその2011年版がpdfで残っています[2]。21世紀になってからこうした基準が政府関連機関によって提示

2　独立行政法人科学技術振興機構、『参考文献の役割と書き方：科学技術情報流通技術基準（SIST）の活用』（SIST 02）、2011年３月、https://warp.ndl.go.jp/info:ndljp/pid/12003258/jipsti.jst.go.jp/

されていることから、日本では、出典を記載する書式のルールにあまりこだわってこず、最近になってから決めたということがわかります。

　海外、例えば米国には、はるかに長い歴史を持つ有名な書式がいくつかあります。最もよく知られているのは、APA（American Psychological Association; アメリカ心理学会）が1929年に最初のバージョンを発表した**APA Style**[3]でしょう。本書執筆時点（2023年8月）では、2019年刊行の第7版が最新です。出典を本文中に（）で囲んで記載する方式で、社会科学系の論文等でよく使われているようです。

　また、シカゴ大学には**The Chicago Manual of Style**[4]があります。The University of Chicago Press（シカゴ大学出版局）が1906年に初めて発表したもので、本書執筆時点では、2017年に発表された第17版が最新です。文中に小さな番号だけを振り、それに対応する詳細情報をページ下部や文書末尾につける方式で、経営学や歴史、美術といった人文系学の分野でよく使われています。個人的には、**ビジネスの現場で最も便利に使える書式**だと思います。

　他に、MLA（Modern Language Association; 米国現代語学文学協会）が1957年から発表している人文学系の分野でよく使われる**MLA Style**[5]や、ACM（Association for Computing Machinery; 米国計算機学会と呼ばれることが多い）の**ACM Style**[6]、電気や情報工学分野の**IEEE**[7]（アイ・トリプル・イー）の書式など、挙げればきりがありません。

　本章では、ここまでの本文において、文中に「3」などと小さな上付き文字で番号をつけ、脚注で出典を書いていますが、これはまさに、上記のChicago方式に近いやり方です。本文中に必ず（）で出典を記載する、いかにも論文らしいAPA Styleと違い、Chicagoのスタイルはビジネスの文書に使っても違和感がありません。

---

sist/pdf/SIST_booklet2011.pdf、2023年9月アクセス。

3　American Psychological Association、"About APA Style"、2023年3月、https://apastyle.apa.org/about-apa-style、2023年9月アクセス。

4　The University of Chicago Press、"About The Chicago Manual of Style"、https://www.chicagomanualofstyle.org/help-tools/about.html、2023年9月アクセス。

5　Modern Language Association、"MLA Style"、https://www.mla.org/MLA-Style、2023年9月アクセス。2021年4月に第9版のハンドブックが発行された。

6　Association of Computing Machinery、"Citation Style and Reference Formats"、2023年7月、https://www.acm.org/publications/authors/reference-formatting、2023年9月アクセス。

7　IEEE、"IEEE Reference Guide"、2018年11月、https://ieeeauthorcenter.ieee.org/wp-content/uploads/IEEE-Reference-Guide.pdf、2023年9月アクセス。

6 　出典表記の自動生成ツールの活用

　前項でいくつか書式を紹介しましたが、書式の詳細ルールは紹介しませんでした。いずれの書式にも、細かく複雑なルールがあり、上記で第17版などと言及している通り、ルールは随時更新され、変化していきます。例えば、ウェブサイトを記載する際、現在はアクセス日を記載しない書式が多いですが、ウェブページは随時更新されるため、アクセス日を追記するルール変更が近々起きるのではないかと言われています。既存のルールに加え、こうしたルールの変化も含め、正確に追いかけて把握して使いこなしていくのは、なかなか骨が折れます。

　ところが最近はすっかり便利な世の中になりました。必要な情報を入力すれば、一定の規則に従って、自動的に出典の表記を生成してくれるウェブサイトがあります。これについては、第8章で紹介していますので、ぜひ活用してみてください（p.266参照）。

7 　自己流の書式で書く際の注意

　何らかの理由で、APAやChicagoなどの著名な書式に準拠せず、自己流で書く場合は、**自身や読み手がその情報に再度たどりつくのに必要な情報をすべてそろえる**ことを推奨します。例えば書籍なら、著者名、書籍名、出版社名、出版年、該当部分の掲載ページがあれば、筆者がどの本のどこを参照したのか、特定できます。もしウェブサイト上に掲載されていた記事やレポートなどなら、著者名、文書名、ウェブサイト名（及び運営元の組織名）、URL、アクセス日といった情報があれば、探して同じものを参照することができます。インターネットで見つけた文書であっても、pdfファイルなど、ページ区切りがある形式の文書なら、URLの他に該当ページも示すことになるでしょう。なお、自分なりの書式をいったん決めたら、同じ文書の中では一貫して同じルールで書きましょう。

警告：出典元を全く書かないのは「剽窃」「盗用」

　第三者が作成した文章やデータを、その出典を示さず、まるで自分が作ったかのように文書の中に取り込むことは、「剽窃（ひょうせつ）」、つまり知的所有権の泥棒になります。注意しましょう。

コラム⑦ Ms. 加藤の応援メッセージ

無名の一個人の話に説得力をもたせる

　本章で説明した「出典」の記載に対し、あまり重要性を感じない方がいるかもしれません。私は過去にさまざまな資料を目にしてきましたが、残念ながら国内では、大手企業の資料でもしっかり出典を示していないケースがしばしば見られます。「そんなものは学術論文で書くもので、普通の資料では要らない」と多くの方が思っているのかもしれません。

　しかし、皆さんがよほど偉くなるまでは、自分の言説を述べるだけで相手が説得されることは少ないでしょう。「国の統計にこういうデータがある」「○○大学の△△教授がこう言っている」「国連の分析レポートでは ──」など、権威ある第三者のデータや言説を示し、その延長線上に自説を展開して初めて、無名の一個人が語る話に説得力をもたせることができるのです。

　しっかりした調査を行い、権威ある第三者のデータを基に根拠をきちんと示すこと、これが大事です。提出する英文資料にもう少し説得力をもたせたくなったら、この章を思い出して、第三者のデータや言説に言及してみてください。

第8章

ライティングに有用な
ツールを紹介

近年、コンピュータやインターネットの進歩により、「書くためのツール」は充実の一途をたどっています。本章では検索エンジン、文法チェッカー、生成AIなど、英文のレベルを上げ、効率的に書くことを可能にするツールとその使い方を紹介します。

いろんなツールを活用して速くうまく書こう！

　この20年間、コンピュータやインターネットによって、私たちの「書く」を取りまく環境が大きく変わりました。何も見ずに白い紙にスラスラ英文が書けるなら素晴らしいでしょうし、試験対策としては必要なスキルです。一方で、仕事で英語を書く場面では、大抵の場合、コンピュータやインターネットなどに頼って書くことができます。デジタルだけでなく、アナログの便利なツールもあります。

　この第8章では、英文を書く際に使える便利なツールを紹介していきます。これらを活用して、より効率的かつ効果的に一定レベル以上の英文を書きましょう。

　なお、本章で言及したり画面などを紹介したりしているツールやサービス、検索結果などは、あくまでも本章執筆時点のものであり、文中でも言及している通り、皆さんが利用する時点では変わっていることがあります。オンラインのサービスの性質上、避けられません。どうかご了承ください。

1　英単語はオンラインで探し、オンラインで確認

　ある文章を書こうとして、「この意味の英単語、何だっけ」と思うことは私にもあります。皆さんなら、そんな時、どうやって英単語を探しますか？

　紙の和英辞書を使う方は今もいらっしゃるでしょう。私は、10年ほど前から、特殊な辞書（p.252参照）以外は、紙や電子の辞書を使うのをやめ、今ではほぼすべて、**オンライン**で済ませています。紙の辞書や電子辞書端末は、購入後に内容が更新されることはほぼありません。海外メディアの記事で見かけた見慣れない単語を探しても紙や電子辞書の端末で見つからないことが増え、自然とオンラインに移行してしまいました。

　それなら、オンライン版の「辞書」に頼っているかと言えば、そうでもありません。特定の辞書のオンライン版やアプリ版を使っていた時期もありましたが、今は、

Googleなど、**一般的な検索エンジンで検索する方法**に戻ってきました。検索結果に辞書サイトがいくつも表示されることが多く、また、特定の辞書に縛られると、見つからない単語があった時に困るからです。

「えっ、検索エンジンでいいの?」と思われた方もいるでしょう。もし**一定レベルの文型や文法を把握していて、品詞の区別がつき、特定の単語だけわかれば英文を書ける人なら、検索エンジンだけで十分やれる**と思います。真実もフェイクも入り混じる検索結果をどうやって確認するか、問題はそこですが、やり方はこの後に紹介します。

もし文法や文型、品詞のどれかに**不安があるなら**、単語だけ渡されても書けないということです。その場合は、解説や例文が豊富な**英語学習者用の辞書(紙か電子端末、アプリ版の英和・和英・英英)を手元に置き**、学習を進めながら、新語と思われるものだけ**検索エンジンを頼る**という**ハイブリッド型**をお勧めします。

実際に「商標」「著作権侵害」を検索してみる

さて、単語さえわかれば基本的には英文が書ける、という方向けに、ごく簡単ではありますが、私なりの検索と真偽の確認の方法をお見せします。

一例として、「商標」や「著作権侵害」という意味の英単語を調べてみます。

Googleで「商標　英語」を検索した結果のトップ

Googleで「著作権侵害　英語」を検索した結果のトップ

　まず、Googleなどの検索エンジンで「商標　英語」や「著作権侵害　英語」と入力します。

　どちらも検索結果の一番最初にGoogle翻訳の結果が表示され、「商標」の例では「trademark」、「著作権侵害」には「Copyright infringement」が表示されています。

　一見したところ、これで解決と思われますが、ここで検索をやめるのはお勧めしません。大人ですから（そして、選んだ単語は仕事のメールや契約書で使う単語かもしれませんから）、**手近な結果を盲信せず、二重三重に「本当にそうか」を確認**してみましょう。ここでやることは、①**他のサイトも見る**、②**英語起点でも検索してみる**、の2つです。

検索結果を妄信せずに検索続行する

① 他の日本語サイトも見てみる

　検索結果、つまりこのGoogle翻訳の表示の下には、他のサイトも表示されています。検索ボックスに入れた言葉はすべて日本語でしたから、表示された結果もおそらくすべて日本語のサイトです。

　一番上の結果だけを信じてしまえば、それが間違っている場合に困ってしまうでしょう。検索結果をいくつか見て、その大半が同じような答えを出していれば、それが正しい可能性が高いと考えられます。また、複数のパターンの表現が同程度に出てくる場合は「いくつか書き方がある」という可能性があるでしょう。まったく同じ意味で複数パターンの表現がある場合もありますが、別の単語の場合は

多少意味が違うことが多いです（その確認方法はp.252で説明します）。このように、**最初の結果に飛びつかずに、検索結果画面の同じページや次のページくらいまで見れば、さまざまな表現を知ることができます**。手持ちのフレーズが増え、表現の幅が広がるでしょう。

「**商標　英語**」の検索結果には、Google翻訳の後に、オンライン辞書のサイト（ここではWeblioと英辞郎）が並び、次にオンライン英会話のサイトが複数並び、「商標」に関連する英語の解説サイトが並ぶというラインナップになっています。

いくつかのサイトを見ると、「商標」に対する英単語として大抵、trademarkを表示していることがわかります。「商標」に対してはtrademarkが最も標準的な単語だろうと推察できます。

では、「**著作権侵害**」では、どんな画面になっているでしょうか。

「著作権侵害」の場合も、辞書サイトやオンライン英会話のさまざまなサイトが並びます。開いてみると、「copyright infringement」だと表示しているサイトが多いですが、infringementの部分がviolationやpiracyになっているものなど、さまざまな表現が見つかります。これらの表現がすべて正しいのか、まったく同じ意味なのか、微妙にニュアンスが違うのかは、この時点ではわかりません（確認方法はp.252で説明します）。

「商標　英語」の検索結果の下のほうには、オンライン辞書やオンライン英会話のサイトがずらりと並ぶ

　ここでは、「商標　英語」「著作権侵害　英語」で検索して表示されたtrademark
やcopyright infringementなどの英語表現をもとに、「本当にそれであっている
のか」「ネイティブはこれをどう説明しているのか」を検索エンジンで確認してみ
ます。いわば、**和英辞典で見つけた英語を英英辞典で再チェックする**イメージです。
「trademark **meaning**」「trademark **definition**」などと英語だけで入力すると、
検索結果にも英文サイトが並びます。

言語設定を「English」に切り替える

　なお、もしここで**検索結果に英語のサイトが並ばない場合**は、検索ボックスの右
の方にある歯車のマークをクリックし、「検索設定」のメニューから「言語」を開い
てください。

言語設定を日本語に変えるには、まず
矢印が指している歯車マークをクリック

　言語の設定が「日本語」になっている場合、日本語と思われるサイトしか表示さ
れないことがあります。**ここを「English」にしましょう。**USでもUKでも大丈夫
です。「ここを英語にしてしまうと、普段から英語のページしか出てこなくなるの
ではないか、それでは困る」と心配されるかもしれませんが、私はここを日頃から
Englishに設定していて問題はありません。検索ボックスに日本語を入れれば、そ
んな日本語を含む英語のサイトはほぼありませんから、日本語サイトの検索結果
が表示されます。ボックスに英語だけを入れた時は英語のページがずらりと並び
ます。英語学習者の方なら、むしろこの設定のほうが便利ではないでしょうか。ぜ
ひ確認してみてください。

　さて、「商標」の場合を見てみます。「trademark meaning」「trademark
definition」などと入力して、英英辞書での定義や英語ネイティブの人が運営するウェ
ブサイトの解説、コミュニティなどではどう書かれているか、確認してみましょう。
　一番上に出てきたのは、Googleとの提携により表示されている**Oxford**

Languagesの定義です。簡単に和訳すると、「企業や製品を表すものとして、法的に登録されたり、利用によって既定のものとなっているシンボルや言葉」です。これが、**最初に「商標　英語」と検索した時にイメージした「商標」とまったく同じものなら、「商標＝trademark」であることをいったん確認**できたことになります。

　念のために、その下も見てみましょう。米国の特許庁やInvestopedia（投資や金融関係の用語などを解説するサイト）、WIPO（世界知的所有権機関；特許や商標を国際的に登録管理する国連の専門機関）などが並びます。「商標」についての説明は、これらの機関の定義や説明を見ておけば十分でしょう。

　この検索結果には、もう一つ便利なセクションがあります。赤い線を横に引いた部分です。このセクションには、trademarkに関してよく検索される内容に対応したコンテンツがまとめられています。**各行の右側にあるＶの字のようなマークをクリック**してみましょう。

　中ほどにあった「What is the difference between logo and trademark?」のタブを開いてみました（次ページの図）。ロゴと商標の違いを説明しているあるサイトから、答えに該当する部分だけが抽出して表示されています。便利ですね。

赤い線の箇所では、trademarkに関してよく検索されるコンテンツがまとめられていてとても便利

前頁の赤い線の箇所にあったロゴと商標の違いを説明するコンテンツ

もっと一般的な単語を検索してみる

上記は、商標や著作権という、やや特殊な分野の単語なので、メジャーな辞書サイトはあまり検索上位に表示されませんが、definitionやmeaningとともにごく一般的な単語を検索した場合は、もっとメジャーな辞書サイトも普通に表示されます。genuine（真正な）という単語を入れた時の画面例を示しましょう。

「genuine meaning」で検索した結果です。一番上には、Oxford Languagesからの結果が表示されていますが、その下には、Cambridge University Press、Merriam-Webster、Collins、Voabulary.com、Dictionary.com、Longman、Britannica、Oxford Learner'sなどがずらりと並びます。これが実質的に無料で、まとめて表示され、しかも比較しながら使えます。

もちろんこれも、**ここに出ているからといって「正解」だと盲信してはいけません**。辞書の中身の更新より、意味の変化や新語の発生のほうが早いこともありますから。

ただし、このようにさまざまな情報を縦横無尽に調べられ、調べながら自分でその裏付けを取り、確認していけるのが、検索エンジンの強みです。

いかがでしょう。オンライン検索は、確かに玉石混交ですが、要は「ものは使いよう」なのです。

2語以上の検索は " " を忘れずに

ここまでご覧になれば、見慣れない英単語を見つけた時に、どう検索して調べればよいか、もうご推察いただけるでしょう。

もはや画面例は示しませんが、例えば、intellectual property（知的所有権）の

意味がわからない場合、「"intellectual property" 意味」「"intellectual property" 定義」と**日本語まじりで検索すれば、日本語で説明する辞書や解説などのウェブページが表示されます**し、「"intellectual property" meaning」「"intellectual property" definition」などと**英語のみで検索すれば、英語の辞書サイトや解説サイト、著作権に関する専門サイトなどの説明ページが並**ぶでしょう。

　ここで、上記で検索ボックスに入力するintellectual propertyを" "で囲んでいることに注目してください。Googleの検索において、**2語以上のフレーズを" "で囲むと、指定した並びのそのフレーズをそのままの形で検索し、その結果を表示**してくれます。" "をつけない場合、「property」「intellectual」「意味」のいずれかが存在するページも表示されてしまい、必ずしも「intellectual property」の意味を示すページではなくなってしまいます。2語以上のフレーズをそのままの形で検索したい時には、" "で囲むのがコツです。

英語設定でgenuineの意味をGoogle検索。先頭にはOxford Languagesの定義が、その下には無料の優良オンライン辞書がずらりと並ぶ

2 似たような表現の意味の違いを確認する

　ここまでの説明では省略した、ある複数の表現の間の微妙な意味の違いを確認する方法を説明します。

┃infringementとviolationの違いを確認してみる

HiNative
https://ja.hinative.com › questions · Translate this page　⋮
【infringement】 と 【violation】 はどう違いますか？
Dec 2, 2016 · 1 answer
infringement の類義語 When talking about rules or laws, they both mean basically the same thing. "Illegally downloading music is a **violation** ...

n　note
https://note.com › htr1006 · Translate this page　⋮
breach / violate / contravene / infringeの違い
Feb 4, 2021 — Cambridgeの英英辞書で意味をそれぞれ見ると、 To **breach**: to break a law, promise, agreement, or relationship To **violate**: to break or act ...

似た2つの単語に加えて「違い」と入力すると、意味の違いを説明する日本語の解説記事が見つかる

　この例では、「infringement violation　違い」と入力した結果を示しています。大抵の場合は、このように、**意味の違いに関する日本語の解説記事**が見つかります。いくつか中身を見てみましょう。説明に少し食い違いがある場合もあり、内容を鵜呑みにはできないものの、参考にはなります。

　日本語の「違い」を添えた検索では見つからない場合や、英語ネイティブの解説も読んでみたい場合は、「違い」を英語「difference」に切り替え、「infringement violation **difference**」と入力してみましょう。そうすれば、右ページのように、**英語で書かれた同様の解説記事や解説ページ**が見つかります。言語学習者たちが質疑応答を繰り広げるフォーラムなど、言語学習に特化したコミュニティのサイトや、語義の違いの解説に特化したサイトなどが検索結果の上位に並んでいます。

┃シソーラス（類語辞典）で調べるのも手

　インターネットが普及する前にも、似たような表現の意味や用法の違いを確認するツールがありました。英語では**シソーラス（thesaurus）**と呼ばれる、**類語辞典**です。同義語や類語、反意語などが並び、それぞれの違いや使い分けについ

て示されています。かつて、意味や用法の微妙な違いを確認するには、こうした特別な辞書で調べるほかありませんでした。今は、こうしたシソーラスもオンライン版があります。「**英語　類語辞典**」「**English thesaurus**」などと検索すれば、さ

まざまなサイトが見つかります。試してみて使い勝手や相性の良いシソーラスを選べばよいと思いますが、実際のところは、本項の前半で述べた通り、オンラインで幅広く検索した中にそうした辞書サイトがあれば参照する程度で事足りるでしょう。

英語設定でinfringement violation difference
と入力した検索結果。類語辞典に当たるまでも
なく、2語の違いが明確に述べられている

英単語や英語表現の検索ツールとして検索エンジンを使っていくと、これまで紹介してきたような便利なサイトを多数目にします。前項の画面例にあるような各種サイトを表にしてここに列挙するのは簡単ですが、この本が出る頃、この本を皆さんが手に取る頃には、もう違う結果が画面に出ているかもしれません。ぜひご自身で、例えば「infringement violation difference」を検索して、表示されたサイトやページの中身を見比べ、どんなサイトにどういう情報が載っているかなどを見てみましょう。そして、特定の辞書に縛られずにその時に見つかる情報を幅広く複数の辞書で見ることができるこの利便性を、ぜひ楽しんでください。

お気に入りのサイトはブックマークを

表示された中に**気に入ったサイトがあれば、ブックマークして愛用**しましょう。**言語学習者とネイティブが交流できる場**が設けられているサイトもあるため、そこで**ネイティブに疑問をぶつけてみる**のもよいでしょう。他の人が投稿している質問を見れば（例　スペイン語や中国語のネイティブの人々が英語のネイティブに英語表現について質問している）、その文を真似して質問できるでしょう。こうして、まるで「わらしべ長者」のように、ちょっとしたアクションで得られた貴重なリソースを手元に置いて、どんどん活用していきましょう。それを使っている間に、また何か別の有用なリソースを見つけるかもしれません。困った時に、そういう積み重ねが助けになります。

検索結果にある各サイトの解説を見比べるだけで、かなり参考になります。例えば、単語や表現によっては、ネイティブの中でも、その人が住む国やその個人のバックグラウンドによって意見が分かれるものがあるでしょう。日本語でも、住む地域によって語彙や解釈が異なることがあります。特定の表現について「ネイティブですら意見が分かれている」ことも、有用な情報となります。

4 信頼性の高い検索結果を得るためのコツ

玉石混交な検索結果の中には、言語学者が編纂した**ちゃんとした辞書のオンライン版**もあれば、**Google翻訳**もあり、**政府機関や国際機関のウェブサイト**や一

般企業の**サイト**があり、さらに、**一般の英語学習者が自分なりの解説を書いたブログページ**もあります。こうした各種サイトの信憑性はまちまちで、検索する単語や分野によって、どのサイトが多く出てくるかも変わります。

信頼できる辞書のオンライン版を探す

　紙の辞書で定評があるもののオンライン版なら、**信頼度は高いでしょう**。例えば、**紙バージョンを買ったことがある辞書のオンライン版**なら、信頼しますよね？　私の例で言えば、中学生の頃、英語教師のイチ押しは「研究社英和中辞典」でした。その後、同じ出版社の「リーダーズ」や大修館書店の「ジーニアス」、小学館の「プログレッシブ」などを見かけるようになり、最近はさらに増えています。

　もし「最新の良い辞書を知らない」場合、**信頼できる辞書をどう探したらよいか**。例として「私ならこうする」という方法を2つお伝えします。まず1つ目は、Amazonなどの**オンライン書店**で、例えば「英和辞典」というキーワードで検索してみるとします。表示された結果の中に、「ベストセラー」とされていたり、第〇版と版を重ねていたりするものがあるでしょう。また、**主要出版社による辞書**などがいくつも見つかるでしょう。「英英辞典」のキーワードで探しても数多く見つかるでしょう。そんな**辞書のオンライン版**をたまたま検索結果に見かけたら、それが頼れる辞書の有力候補になります。

電子辞書搭載の辞書、公的機関のサイトなど

　2つ目の方法です。「第三者が選んだ辞書のリストがあるなら知りたい」という方向けには、今なら電子辞書が各種出ていますから、**電子辞書にどんな英語の辞書が搭載されているか**を見るという方法があります。例えば、家電量販店等のウェブサイトで電子辞書を探し、電子辞書を継続的に出しているメーカーの比較的新しい機種の説明ページを開きます。そして収録されている英語関連辞書のうち、初級者向けではなく、**中上級者向けとして収録されている英和辞典・和英辞典・英英辞典**は何か、それをチェックするのはどうでしょうか。電子辞書を作る各社が真剣に選定した辞書ですから、これも良い目安になります。

　辞書サイト以外では、**企業や政府、公的機関等の公式サイト**内のページなら、その組織自体の信頼度がそのままページの信頼度になることが多いでしょう。**個人**によるものは、書き手がどんな方かによって、書かれた内容の信頼度を判断する

ことになります。**質疑応答のコミュニティサイト**は往々にして匿名投稿で、日本語のサイトなら、読み手の持つ英語に関する知識をベースにそこに書かれた内容を判断しながら読むことになるでしょうし、英語ネイティブによる英文の回答なら、やや高めの信頼度で読むことになるでしょう。

5　　英単語の正体を画像で探す

　探した英単語が本当にそれか、確認しようという時、その対象が形のあるモノなら、Googleの「画像検索」が有用なことがあります。「画像検索」はご存じの通り、キーワードなどで検索してその結果を画像で表示してくれるものです。

　Googleの**検索ボックスにその英単語を入力し、「画像」タブに切り替え**ます。予想した通りの画像ばかりが表示されていたら、当たりです。予想とは違うイメージの画像ばかりなら、頭を切り替えて、別の英単語を探すべきでしょう。

化粧品の「チーク」はcheekでいいのか、画像で検索

　例えば、化粧品業界に関する英文レポートを作成中に、化粧品の「チーク（頬紅）」をそのままcheekと書いてよいか、迷ったとしましょう。まず、「チーク　英語」で検索すると、Google翻訳はcheekと返してきますが、そのすぐ下に「チークは和製英語で、英語ではblushと書かないと通じない」という内容のページが見つかります。

「チーク　英語」と入力した検索結果。「チークは和製英語だ」という内容のサイトが見つかった

念のため「頰紅　英語」で検索すると、Google翻訳は「red」と返してきます。困りました。その下に、「『C』から始まる1単語は間違い！」という記事があります。

「頰紅　英語」でまさかの結果！
blushではなくredと出てきた

さて、ここで次にやるべきは、redは置いておくとして、チーク（頰紅）はcheekなのかblushなのかを確認することです。

候補の"blush"をさらに画像検索してみる

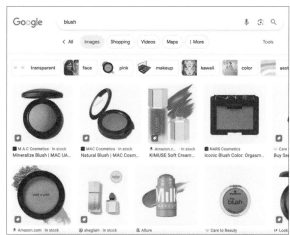

blushで画像検索したところ「チーク」製品がずらり

Googleの検索ボックスにblushと入れて検索し、「画像」タブに切り替えましょ

う。画面に、ありとあらゆる種類の「チーク」製品が並びます。大当たりです。見つけた情報が正しかったことが確認できました。

　さらに念を入れるなら、（この場合は）blushと検索して表示された画像をいくつかクリックして、日本でも知られている化粧品ブランドの商品詳細ページを開き、具体的な品名の英語表記や同じ商品の日本語表記、画像などを総合的に確認してみましょう。そうすれば、チーク＝blushであることが100％確認できるでしょう。

┃紙の英和辞書では見つからなかった！

　なお、**日本の英和辞書でblushをひくと、辞書にもよりますが、「赤面」や「紅潮」などの意味しか見当たらず、「頬紅」「チーク」という記載が見当たらない**ものがあります。一方、検索エンジンに単にblushと入れて表示されたのは、私が見た限りでは、化粧品の「チーク」の画像ばかりで、赤面した顔などは（少なくとも上位には）見当たりませんでした。

　このように、**日本で出版された英和／和英辞書は、言葉の意味の変化や特定の領域の言葉の意味にあまり対応していないように見える**ことがあります。特に時代の流れや流行に左右されそうな分野において顕著です。そういった単語を確認する際には、検索エンジンやSNSなど、**"今"の言葉の本質が見つかるツールをうまく活用する**ことをおすすめします。

　6　　略語のフルスペルを探す

　海外から届いたメールにあった略語の意味がわからずに困ったことはありませんか。日本語にも略語はありますが、単なる短縮表現です。アルファベットの頭文字を取って並べて表示することはあまりありません。そのためご存じない方も多いのですが、英語には、こうした**略語が多いため、それだけをまとめた辞書やウェブサイト**があります。

　どんなものがあるかは、例えばAmazon.com（洋書を探すなら、米国Amazonのサイトで見てみましょう）で、検索ボックスに「**abbreviations dictionary**」と入れてみればわかります。Oxfordなどの有名な版元も含め、abbreviationやacronym（両方とも略語のことですが、acronymは特に頭文字だけをつなげた略語）をまとめた辞書があり、いくつも版を重ねていることがわかります。

ただし、特にデジタルな領域でどんどん**新しい略語が生まれていることを考え
ると、紙の略語辞典を手元に置く必要性は低い**でしょう。本章のこれまでの項で
説明したように、調べたい略語とmeaningやdefinitionなどを入力して検索エン
ジンで調べることもできますが、あまり有名ではないものは、なかなか見つから
ないことがあります。その場合、略語検索に特化したウェブサイトに当たると早く
見つかるでしょう。

世界最大規模の略語専門サイトで検索してみよう

　ここでは、略語に関して世界最大規模と言われるサイトをご紹介しましょう。

Acronym Finder
https://www.acronymfinder.com/

　このサイトの検索ボックスに略語を入力すると、結果が大量に出てきて一瞬戸
惑うのですが、結果一覧のすぐ上にジャンルを示すタブが並んでいて、例えば、IT
関連の用語なら、ITジャンルに絞るといったことができるのです。

　辞書やその他のサイトは、内容や方式の変化も激しく、多くのサイトがあってそ
の競争関係も変わります。1つのサイトが不動のナンバーワンになることは難しく、
そのため特定のサイトを推奨することは難しいのですが、この略語検索の分野で
は状況は違います。**上記のサイトを見ればほぼ解決する**でしょう。私がインターネッ
トを使い始めた1995年頃、既に存在していました。老舗にして今もトップランナー
です。

　次に挙げるのは、本章の前半の「商標」の検索結果に出てきた「組織名」**WIPO
を調べた時の結果**です。彼らのデータベースに登録されているさまざまなWIPO
のフルスペルが列挙されていますが、その上に、ジャンルを示すタブがありますね。
今回は、1つ目のWorld Intellectual Property Organizationが探しているもの
ですぐわかりましたが、数多くの選択肢が出て迷う場合など、ジャンルで絞り込
むと、特定できることがあります。

世界最大規模の略語専門サイトでWIPOを調べると、すぐ出てきた

7　よく使われる単語の組み合わせを探す

　日本語でも、よく使う単語の組み合わせがあります。例えば、「計画を」といえば、「立てる」「実行する」がその後に続くことが多いでしょう。「職務を」なら「全うする」「遂行する」、「予算を」なら「計上する」「執行する」などが続きます。日本語のネイティブなら、自然にこうした組み合わせとそれぞれの意味の微妙な違いを覚えて、無意識のうちに適切な組み合わせで使っています。

▌信頼できるコロケーションの辞典で調べる

　英語にも、**よく使われる単語の組み合わせ**が存在します。これを英語ではcollocation（共起表現）と呼び、組み合わせの例を記載した専用の辞書があります。Amazon.co.jpなどのオンライン書店で「**コロケーション辞典**」といった言葉で検索すれば、辞書や解説書が見つかります。オンラインでも「**collocation dictionary**」などのキーワードで検索すれば、そうした辞書のサイトが見つかります。もし近隣に大型書店があり、辞書が多く並んでいるなら、実物を見てから使い勝手の良いものを購入されるとよいでしょう。

　最近は、日本の出版社が発行する英語のコロケーション辞典が複数見つかりますが、少し前までは小学館の「**プログレッシブ 英語コロケーション辞典**」くらいしかありませんでした。私も手元に持っています。

使い方としては、**ベースになる単語で見ていきます**。アナログ版やデジタル版のコロケーション辞典を参照すると、以下のように**組み合わせて自然に使える単語**がわかります。

ベースになる単語	組み合わせる単語
★「計画」plan	「立てる」make/develop/formulate 「実行する」implement
★「職務」duty	「遂行する」fulfill/perform
★「予算」budget	「計上する」allocate

なお、動詞と名詞だけではなく、**形容詞と名詞**や、**前置詞と名詞**など、さまざまな組み合わせも載っています。例えば、duty の場合、night duty なら夜間勤務、「仕事中で」は on duty など、すぐにでも使える組み合わせが次々と見つかります。

┃オンライン版コーパス COCA を活用

コロケーション辞典でうまく単語や表現が見つからない時の補足ツールとしては、過去に記事や書籍、判例などに使われた文章の膨大な例文を格納した**コーパス（書籍版・オンライン版）**があります。書籍版もありますが、膨大な例文の蓄積の中から特定の単語が使われた例文を拾い出すというタスクは、人間よりもコンピュータのほうがはるかに得意ですから、やはりデジタルなもののほうが便利でしょう。

オンライン上で無料で利用できる、幅広いジャンルをカバーしたコーパスとして現在最大規模（10億語以上）のものが、**COCA (Corpus of Contemporary American English)** です。現代アメリカ英語のコーパスで、近年の言語変化に対応していると言われています。最初に利用者登録すれば、無料で使い続けることができます。

COCA（Corpus of Contemporary American English）
https://www.english-corpora.org/coca/

　文書作成ソフトウェアWordではスペルチェック程度はしてくれますが、文法の
エラーや冠詞の抜けもれなどは指摘してくれないことが多く、それに不満を感じ
る方もいるでしょう。私もそうした一人でした。

　英語には文法のルールがあるので、そのルールを覚え込ませたコンピュータなら、
人間が書いた英文のエラーチェックもできるはずですよね。そして数年前、ネイティ
ブの学生向けの広告で、まさにそんなチェックをしてくれるサービスを見つけま
した。それが**Grammarly**（**グラマリー**）です。

Grammarly

https://app.grammarly.com/

Grammarlyで英文メールをチェックしてもらうと…

　下記はGmailで新規のメールを書こうとしている画面ですが、ここで試しに、
あえてミスの多い英文を入れてみると、**下記の通り、文のさまざまな箇所に赤い
下線**が引かれます。

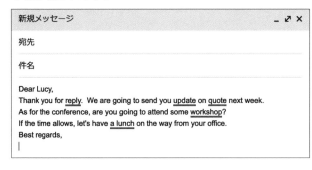

ミスだらけの英文を入力す
ると修正すべき箇所に赤
い下線が引かれる

　最初の赤線部replyにカーソルを合わせると、吹き出しが現れます。中には
「replyの前にはyourが必要だよ」ということがわかる表示があります（次ページ
の画像）。

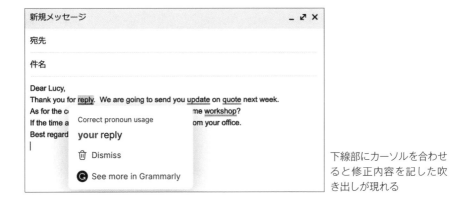

下線部にカーソルを合わせると修正内容を記した吹き出しが現れる

　他の単語については、例えば2つ目のupdateは「an update」に変更、3つ目のquoteは「the quote」に変更、workshopは「workshops」に変更、a lunchはaなしの「lunch」に変更するよう表示されます。**冠詞、無冠詞、単数複数 ― 日本人が弱点とする領域を見事に指摘してくれています。**他にも、**スペルミスや文法エラーを指摘してくれたり、冗長すぎる表現を簡潔にしてくれたりと、英語学習者ならのどから手が出るほどありがたいサービス**です。

　たまに、本来の文意と意味が変わってしまうような変更を提案してくることもありますが、大抵は、提案を受け入れるとより正しい英文になります。

Grammarlyは無料プランでも使い勝手が良い

　オンラインの専用ウェブサイトで会員登録して利用するGrammarlyには、個人向けには**無料版と有料版**（月12ドル：2023/7月時点）の2種類があり、書いた英文を画面に貼り付けて確認してもらう方式です。無料版でも十分使えると思いますが、有料版はさらに、1文まるごとの書き直し案の提示や、より良い語彙の提案、カジュアル／フォーマルやトーンも考慮した提案、盗作のチェックなどもしてくれるそうです。

　この他、Chromeブラウザの拡張機能として使える無料版があります。次のサイトからインストールすると使えるようになります。

https://www.grammarly.com/browser/chrome

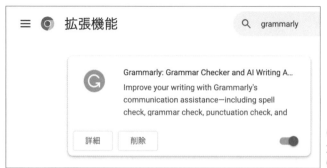

Chromeの画面上で入力する英文をすべてGrammarlyがチェック

　Chromeブラウザの「拡張機能」に追加すると、**Chromeの画面上で入力する英文をすべてGrammarlyが見てくれる**ことになります。サイトによってはGrammarly機能をONにしたくない場合もあるでしょう。そのサイトを表示している時に、その画面だけGrammarly機能をOFFにするという設定を行うことができます。

　ブラウザ上で作文する英文をリアルタイムで指摘してくれるので、個人的にはこれを愛用しています。少し前に例に挙げた新規メールの作成画面はまさにこれです。海外向けのメールを書く時にも便利に使っていますが、まとまったレポートなどの文章を書く時、**この新規メール作成ウィンドウを大きく広げて、その本文部分に英文をひたすら書いていったり**します。延々とチェックしてくれるので、便利です。また、一般的なメールソフトウェアなら、突然異常終了した場合、書いている途中の文案は失われてしまいますが、**Gmailでは、書いている文を都度保存してくれる**ので、その意味でも、書きかけのレポートの作成用の場としては重宝します。

▌生成AIに改善案をリクエストする

　最近話題の**生成AI**なら、その**入力ボックスに「次の英文の文法エラーを指摘して」などと書いてから英文を貼り付ければ**、チェックして、改善案を提示してくれたりもします。**ChatGPT**でやってみたのが次ページの例です。If the time allowsのtheをカットしたり、some workshopをany workshopsと直したりするなど、結果がGrammarlyと微妙に違うのも興味深いですね。

次の英文の文法エラーを指摘して
Dear Lucy,
Thank you for reply.
We are going to send you update on quote next week.
As for the conference, are you going to attend some workshop?
If the time allows, let's have a lunch on the way from your office.
Best regards,

Dear Lucy,

Thank you for your reply.

We are going to send you an update on the quote next week.

As for the conference, are you going to attend any workshops?

If time allows, let's have lunch on the way from your office.

Best regards,

Chat GPTによる英文へのミスの指摘
はGrammarlyのものと微妙に異なる

ChatGPT
https://chat.openai.com/

　GrammarlyとChatGPTに共通する問題点ですが、人間が読めばわかる簡単なことをコンピュータやAIは理解できないことがありますし、単純なミスも起こりえます。このように**AIやコンピュータからの指摘や回答には誤りが含まれている可能性がある**ことを忘れないでください。そのまま**妄信せず**、必ず自分で最終確認し、**あくまでも便利なツールとしてうまく使う**ように心がけてください。

■ 会社の機密を読み込まれないために

　なお、「英文を書くのは主に仕事用で、書いた英文が読み込まれてしまうのは機密保持の観点から困る」という方向けには、法人向けの有料プランとして**Grammarly Business**というプランが提供されています。**入力内容の機密保持を約束する、利用者数に応じた料金を提示する法人契約のサービス**で、本稿の執筆時点（2023年7月）でオンラインで価格を確認したところ、1人15ドル/月から（年契約ベース）でした。同じ組織のメンバーには、同じスタイルでの表記を推奨するといったスタイルガイド対応もしているようです。ChatGPTも、法人向けの有料プランでは、入力した内容をサーバ側で保存しない設定にすることができるようです。

英文を文法などのルールでチェックするサービスを前の項でご紹介しましたが、レポートや論文等に記載する「出典」の書式も、学会や学校ごとにルールがあります。ルールに則って正しく記載できたか、心配になることもあるでしょう。これについても、一定の情報をコンピュータに与えれば自動生成してくれるサービスが複数存在しています（**ただし、著名な書式のみに対応**）。

無料のオンラインサービスで出典情報を自動生成

無料で便利に使えるサービスの一例が、Scribbr というサイトにある citation generator です（citation は「出典」のこと）。

Scribbr Citation Generator
https://www.scribbr.com/citation/generator/

最初に無料会員登録し、空っぽの「リスト」を作り、そこに、作成していく出典表記を入れていくことになるのですが、その際に、**APA や Chicago など、「どの書式に準拠して作るか」を指定します**。その後は、例えば出典として利用した、あるウェブページの URL を入れるだけで、そのウェブページから、著者名や日付、タイトルなどを勝手に読み取って、指定した書式の記載ルール通りに出典表記を作って表示してくれます。つまり、**出典がオンライン上のものであれば特に効力を発揮**します。

①これは、「サービス比較レポート」（Service Comparison Report）という適当な名前のリストを作った時の画面ですが、ビジネスの場面で作る文書に相性のよいChicagoのスタイルを指定しています。

①

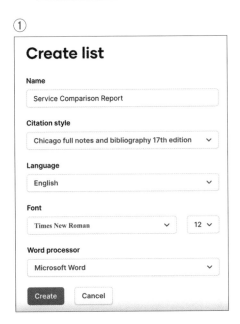

②リストを作った直後の画面は以下のようになっています。リスト名が1行目に表示されています。

②

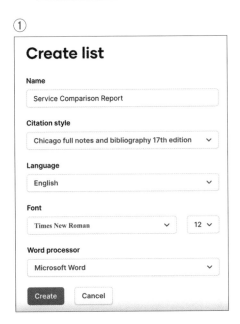

③その下の、「Cite a webpage, book, article, and more」と表示されている入力ボックスに、さきほどご紹介したGrammarlyの料金プランが表示されているページのURL（https://www.grammarly.com/plans）を入れてみます。

③

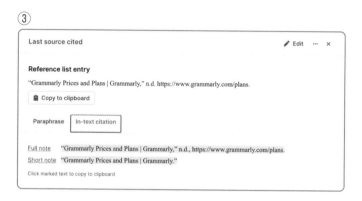

結果は上の図の通りです。このURLのウェブページをScribbrが参照し、ページのタイトルを読み取り、"Grammarly Prices and Plans | Grammarly," n.d., https://www.grammarly.com/plans. という、**出典としてフルに書ける表記**が作られます。「Copy to clipboard」をクリックすれば、この表記を簡単にコピーできます。なお、n.d.はno dataのことです。

④次に、同様に少し前に紹介したCorpusのURL（https://www.english-corpora.org/coca/）を入力すると、下の図のようになりました。

④

作った出典表記が蓄積していく

この2つの出典表記が、画面の下のほう（赤枠の中）に列挙されていることにお気づきでしょうか。まだ2つなので、その利便性が伝わらないかもしれませんが、長いレポートを書く時には何十という出典表記を参考文献として書くことになります。一度入力したものがここにすべて並んでいて、なんらかの基準でさっと並べ替えをした後、それを全選択してコピーすることができるため、**参照文献リストを巻末につける際には大変便利**になりそうです。また、最初に「リスト」を作ってそこに蓄積していくのは、この機能のためでしょう。

なお、**書籍などアナログな情報源の場合**は、タイトルはこれ、作者はこれ、と情報を手入力で入れていく画面もあり、**入力していけば指定したルール通りの書式で作ってくれます**。

10　翻訳サイトや生成AIの活用における注意

　昨今は、便利なサービスがたくさん出てきています。Google翻訳やDeepLといった翻訳サービス、またp.184でも取り上げた「生成AI」と呼ばれるChatGPTなどです。

誤訳を前提に、便利な下書き作成ツールとして使う

　こうしたサービスについては、個人的には、**出力結果をそのまま使わずに**、「**便利な下書き作成マシーン**」として使うのがよいと考えています。つまり「**手直ししてから使う前提**」でないとまだまだ心配だ、ということです。

　まず、翻訳サービスについてですが、日本語と英語は、文の構造も文法もまったく違います。文法が近いために単語レベルで差し替えれば何とかなる欧米語同士とはわけが違います。そのため、コンピュータが行ういわゆる機械翻訳については、**誤訳が含まれていることを前提にして**使いましょう。

　例えば、検索エンジンで、そのサービス名と「誤訳」というキーワードを一緒に入れて検索すれば、さまざまな珍誤訳の事例を報告する記事やブログなどが見つかります。

　「いや、それは珍しい例だから／面白い例だから、記事になったのでは」と思う方もいるかもしれません。そういった珍事があることは否定しません。しかし、ぜひ自分でも試してみてください。例えば、適当に開いた英語のウェブページや記事からかなりの分量の英文を範囲指定してコピーし、翻訳サービスの画面に貼り付けて、その日本語訳を表示してみましょう。皆さんご自身は日本語ネイティブなので、表示された日本語の文章がかなり自由奔放でもその**概略は推察できる**でしょう。しかし、そのまま**印刷して出版できるレベルの日本語ではない**ことは明白でしょう。違和感のある言葉があったり、句読点の間違いといった基本的なミスが散見されたり、英文とよく比較すると実は一部分がごっそり訳されていなかったりなど、単純ミスや不自然な表現など、そのままにはしておけないレベルの間違いが多発していることに気づかれると思います。

　勘の良い方はもうお気づきでしょう。皆さんが日本語の文章を作って翻訳サイトに入れて英文を作らせた時、つまり**和文英訳の場合も同様のミスが多発している**と考えるのが自然です。そんな出力結果をそのまま、公的な提出物や社外向け

の英文サイト、大切な取引先宛てのメールなどに使えるでしょうか。冷静に考えてみてください。

　また、生成AIについても同様です。自分が作った日本語文を示し、それの英訳を頼むことができますし、自作の英文の文法チェックを頼むこともできますが、それはあくまでも**コンピュータが出した答え**でしかありません。**大きな間違いが含まれている可能性もある**のです。Grammarlyでさえ、完璧ではありません。

　私は、翻訳ツールや生成AIを全否定するつもりはありません。自分で一から文章を書いていくのは骨が折れますし、時間がかかります。それを考えれば、どんな品質であろうと、**何らかの下書きを書いてくれるツールは間違いなく便利**ですし、今後も、ありとあらゆる便利なツールが出現するでしょう。

　しかし、どんなツールも「ツールでしかない」ことを忘れず、**出てきた英文を自ら直せるだけの文法力や語彙力を磨き、最終的に文を自分で確認してからご自身**の責任において使うようにしましょう。そのまま出力結果をコピペして、その英文が「珍誤訳」として話題になったりしないよう、注意しましょう。

次ページにツールをまとめました

英文作成用ツールまとめ（目的別）

【英語表現の意味を調べる・ある意味の英単語を探す】(p.244)

Googleなどの検索エンジン

- 検索結果の中にある辞書サイトなどを横断的に確認する。
- 1つの検索結果を盲信せず、他サイトの情報や英語起点の検索で確度を上げる。
- 検索結果に表示されるサイトは玉石混交。信頼度を見極めて使う。

【似た表現の意味の違いを確認する】(p.252)

Googleなどの検索エンジン

- 日本語または英語で書かれた解説記事やQ&Aなどを見る。

類語辞典（シソーラス）

- オンラインでも複数見つかる。

【英単語の意味を画像で探す】(p.256)

Googleなどの検索エンジンの画像検索

- 英和／和英辞書でカバーできない場合に、特に効力を発揮。

【英語の略語のフルスペルを探す】(p.258)

Acronym Finder

- 略語検索に特化したウェブサイトとしては世界最大規模。

【単語の自然な組み合わせを見つける】(p.260)

コロケーション辞典（紙／オンライン）

- 単語の組み合わせの例を集めた専用辞書。

COCA (Corpus of Contemporary American English)

- 文例を大々的に集めた「コーパス」の無料オンライン版としては世界最大規模。

【自分の英文をチェックしてもらう】(p.262)

Grammarly

- オンラインの自動添削ツール（無料版／有料版）

生成AI (ChatGPTなど)

- 英文を貼り付けて「この英文のエラーを指摘して」などと依頼。
- GrammarlyやChatGPTの出力結果は必ず確認や手直しをする。あくまで、便利な「下書き作成ツール」として使う。

【出典を自動的に表記してもらう】(p.266)

Scribbr Citation Generator

- 必要な情報を与えれば、各種ルールに則った出典表記を無料で自動生成してくれる。

必要なツールを自分で見つけるには？

　本章で紹介したツールやウェブサイト、書籍はいずれも、さまざまな試行錯誤を通じて私が見つけ、使ってみたツールや手法です。どう感じられたでしょうか。

　「私はこれ以外に、誰も知らないもっと良いツールをいっぱい知ってるよ」という方、あなたも本が書けるかもしれません。あるいは、その解説で、ブログや動画のヒットが見込めるかもしれません。新しいツールを探すための独自のノウハウをお持ちなのだと思います。

　一方で、もし「こんなツール、いったいどうやって探したんだろう」と思った方へ——私はいつもこう考えています。「ニーズがあるなら、それを解決するツールが既にあるかもしれない」と。例えば、「書いた英文を誰かチェックしてくれたらいいのに」という気持ちになった時、ふと「文法には一定のルールがあるよね。ルールベースでチェックするのって、コンピュータの得意分野だよね。もしかしたら既に何かあるんじゃ？」と思いました。そしてネットでEnglishやgrammar、reviewなどの単語を入れて検索しているうちに、Grammarlyを見つけました。昨今は、検索エンジンで検索すると、その後、別のページを見ていても、検索履歴に関連する「広告」が出ることがありますよね。まさにそうやってGrammarlyを「おすすめ」されたのです。「こんなものがあったらいいのに」と思った時、同じニーズを持つ人が多いなら、それを解決するサービスがどこかに既に存在する可能性があります。「既にあるかも」と思って探し、見つけたものを試してみてください。そうすれば、新しいツールを見つけていけるでしょう。

本書の内容と、私が過去にクラスの受講生さんから受けた質問を基にFAQを作ってみました。学習の参考になれば幸いです。

Q1 紙の辞書を愛用していますが、それではだめでしょうか。

A1 **言葉は生き物なのでオンライン検索との併用を推奨します。**

　愛用のものがあれば、紙の辞書で構いません。また、何かの試験勉強用には紙の辞書で十分です。ただし、言葉は生き物ですから、**最近見かけた単語や表現が見つからなかったり、辞書で見つけた説明が古くさく見えたりすることが増えたら、その辞書とオンラインでの検索を併用するハイブリッドな利用を検討してください**。また、ご愛用の紙の辞書の新版が出たら、手に取ってみるのもよいでしょう。前に見つからなかった単語が見つかるかもしれません。

Q2 複数の文をどう構成するか以前の問題ですが、何かを論理的に説明するのが苦手です。どうしたら説明がうまくなるでしょうか。

A2 **まず、「あるもの」を短い英文で定義するトレーニングを続けてください。**

　まずは、シンプルなものを定義する短い英語を書く練習を継続的にやってみるのはどうでしょうか。例えば、「冷蔵庫」を見たことも聞いたこともない人に、英語でどう説明しますか？　「冷蔵する (refrigerate)」という単語を使ってはダメですよ。工夫して自分なりの短い説明を書いてから、「refrigerator definition」などと検索エンジンに入力して、検索結果に表示されるいくつかの英英辞典のサイトの説明を読んでみましょう。**各辞書によって説明のスタイルも内容もさまざまだということがわかります**が、各辞書の答えを見て終わりにせず、またそれを丸ごと覚えたりせずに、示された説明の一部を真似して、自分が書いた説明文を少し手直しして少しでも満足のいくものに改善しましょう。何かを丸覚えして知識を増やすのではなく、「説明の仕方がうまくなる」ことが目的です。

> 筆者による例： 冷蔵庫＝equipment that uses electricity to cool and preserve food and beverages and is usually placed in the kitchen（電気を使って食品や飲料を冷やす、通常は台所に置かれる機械）

もし英語で書くことが難しいなら、まず日本語で同様の練習をしましょう。そして、「冷蔵庫　定義」と検索して辞書の表現と比較して手直しするということを繰り返し、慣れてきたら英語で書くことに切り替えましょう。

これを毎日1件ずつでも続ければ、何かを説明することに慣れてきます。辞書の定義よりもわかりやすくて端的な英文が書ける時もあるでしょう。

その後、**時間があれば、もう少し複雑なもの**（例：詳細をネットで調べないとはっきり書けないもの、何かの専門用語、最近見かけるようになった新しい言葉）の説明を書いてみましょう。この場合は、**英英辞書の代わりに英語版のWikipediaや解説記事**などを参照できるでしょう。ここまでやれば、物事を英語で説明することは、まったく苦ではなくなり、むしろ得意になるでしょう。

Ⓠ3 日頃から仕事などで英語のネイティブとコミュニケーションを取る機会がありません。どうしたらネイティブが使うリアルな表現を入手できますか。

A3 **ビジネス系なら英語ネイティブが書いた信頼できる新聞記事、日常表現なら映画・ドラマ・その他の動画、IT関連ならスマホを「英語モード」で使う、など方法はいろいろ。**

仕事用の表現なら、英語ネイティブの記者が書いたビジネス系の記事から拾うのが最も手っ取り早いです。例えば、**英語が母国語である国（英米豪加など）の大手メディアの記者が書いた文章**なら、書き手の英語に対して一定の信頼が置けます。ご自身の業界に関する記事なら、たとえ最初は読むのに時間がかかっても、内容は理解しやすいでしょうし、いずれ語彙にも慣れてきて速く読めるようになり、その中で有用な単語や表現を拾うこともできるようになるでしょう。

なお、ここで挙げた以外の国にも英語のニュースメディアはありますが（例：インド、香港）、母国語が英語でない場合、母国語の影響を受けたクセのある英語表現が含まれる場合があり、それは、ノンネイティブである私たちには見分けがつかない可能性が高いです。英米豪加の範囲に限定しておけば、表現を拾う情報源としては安心です。

ただし、**欧州や国連といった国際機関で働くノンネイティブの上層部によるスピーチや談話、それを書き起こした記事は、参考になります。**ネイティブでなくてもあのくらいは身に付けられ、それで十分仕事ができるという、良い目安になるでしょう。

　日常の表現なら、英米豪加のドラマや映画、オンライン動画を見てみましょう。そこから拾えます。特に、YouTubeでは、画面右下のボタンを操作すれば、英語の字幕を表示できます。音声を聞きながら字幕を見れば、いま使われている表現を目から拾うことができるでしょう。

　IT関連の表現なら、例えば、すっかり使い慣れたお手元のスマートフォンを「英語モード」で使ってみる、というのも一案です。私は実際、iPhoneを英語モードで使っています。日常の操作に慣れているなら、英語版でも使えるでしょう。画面に次々に出てくる表示で、「そうか、英語ではあのことをこう言うのか」と、常に発見があるはずです。

参考：iPhoneでの設定方法＝［設定］＞［一般］＞［言語と地域］の画面で「言語を追加」を選び、「English」を追加し、「最優先で使う言語」の選択時に「英語」を指定。数分で再起動され、英語モードで使えるようになる（日本語に戻すには、Settings ＞ General ＞ Language & Region でPreferred Language を「日本語」にする）。各アプリを英語メインで使うには、そのアプリ内の設定画面で指定するか、［設定］＞［アプリ名］で Preferred Language を English にする。

Q4 出典を書く時に、文中に番号を振って詳細を別の場所に示す方式にしようと思いますが、脚注と文末注のどちらがおすすめですか。両方の方式で書いているレポートも見たことがあるのですが、あれをどう思われますか。

A4 どちらでも構いません。併用するケースもあります。

　出典を書く場所は、脚注（同じページの下部）でも文末注（その文書の末尾に並べる）でもどちらでも構いません。「筆者の好みの問題」とも言えるので、ここにも唯一の正解はありません。また両方を使うこともあると思います。

　ここからは個人的見解ですが、そのページ内でどうしても見てほしい補足や出典があるなら、脚注としてページ内に表示するほうがよいと思います。特に、書く分量が多くない場合は、脚注だけで済ませるのもよいでしょう。単に情報源を示すだけでそのページ内で見てもらう必要がない場合や、記載量がかなりの分量になる場合は、文末注として別ページにまとめるほうがよいでしょう。これらの理由から、補足的な注記を脚注に、出典をまとめて示すのを文末注にするという使い分けを見たことがあります。読み手にその意図がわかるように表示されている限り、このやり方は有効だろうと思います。

Q5 どんな場面でも、常に「結論を先に」書くべきでしょうか。

A5 「結論を先に」という基本を身につけたら、次はコミュニケーションの内容や目的に応じた、あなたなりの「伝え方」を模索してください。

　いいえ。何事にも「常に」や「絶対」はありません。言葉はコミュニケーションのためにあります。「結論を先に書いて内容を論理的に伝える」ことが、コミュニケーション上、効果的である場合にのみ、そうすべきです。具体的に言うなら、ビジネスの場面で、相手が中立的な立場であなたの結論や意見を待っている時のみ、「結論を先に」書いたり言ったりすべきでしょう。

　そうでない場合、例えば、金曜の夕方に友人宛てのチャットのメッセージを書く時、論理的に展開するビジネスライクなメッセージが歓迎されるでしょうか？　大抵の場合は、とりとめのないおしゃべりのような楽しいメッセージのほうが歓迎されるでしょう。

　また、ビジネスの場面であっても、相手側に既に特定の意見があり、あなたの結論を最初にぶつけると好ましくない反応が返ってくることがあるかもしれません。それがわかっているなら、相手が快適に読める話題から始め、そこからうまく話を発展させて、あなたが伝えたい結論へと持ち込んでいく流れにしたほうが、あなたの意見が受け入れられやすいでしょう。あくまでも、そのコミュニケーションによって何を得たいかをはっきりさせ、目的を最も効果的に達成できる方法を模索すべきです。

　本書の第3章や第4章などで説明した「結論から語る」伝え方は、あくまでも、ある内容を論理的かつ効率的に伝える「基本的な」方法でしかありません。

　日本の武道や茶道などでよく言われる「守破離（しゅはり）」という言葉をご存じでしょうか。「守」は、先達やある流派の型や技をそのまま身につける段階で、「破」は、別の流派のやり方を取り入れて技を磨く段階、「離」は、特定の流派から離れて自分なりの技を確立させる段階と言われています。本書でお伝えした技がうまく使えるようになったら（＝守）、その段階にとどまらずに、そこから発展させ（＝破）、ぜひご自身なりのやり方を確立（＝離）してください。その最初のきっかけとして、本書がお役に立てば幸いです。

謝　辞

　最後に、本書を形にする上でお世話になった大勢の皆さんに御礼を申し上げたいと思います。

　根気強く私につき合ってくださった株式会社アルクの菊地田孝子さん、多忙な合間を縫って原稿を読んでくださり、大変有益かつ実践的なコメントをくださった心強い同僚であるUMass MBA講師の斎藤浩史さんと大前和徳さん、未熟な原稿に対して長年の友人としてまた校正のプロとして細かくアドバイスをくださった磯貝江里子さん、米国現地の高校の指導状況の実際について教えてくれた甥の悠太郎くん、そして日頃から温かく見守ってくれている家族に、心より感謝いたします。皆さまのご指導ご助言がなければ、この本は日の目を見ることはなかったでしょう。とりわけ、大前さんからUMass MBAの講師にならないかと声をかけていただけなかったら、この本の基礎となる情報をまとめることもなかったでしょう。心から感謝いたしております。

　また、UMass MBAを日本で運営しているアビタスのみなさんにも、心から感謝いたします。科目は「マーケティング基礎」なのに追加で英語のあれこれも教えている現状を寛大に許容していただき、また日頃から講義や採点などあらゆる活動において皆さんに助けていただいています。

　ここに紹介した皆さんのご支援があって初めて、この本があります。ありがとうございます。

2023年9月

加藤千晶

著者紹介

加藤千晶 (かとう ちあき)

東京外国語大学英米語学科卒業。日本経済新聞社に勤務した後、英国国立ランカスター大学経営大学院にて経営学修士号（MBA）取得。帰国後は、日米の大手IT企業やスタートアップで新規事業等に携わった。現在は、米国マサチューセッツ州立大学のMBAコースでマーケティングや英文ライティングを教えるほか、企業向けのコンサルティングや事業開発の支援、戦略リサーチに関する助言、通訳などのサービスを提供している。

AI時代を生き抜く！
圧倒的に伝わる英文を書く技術

発行日：2023年10月27日（初版）
著者：加藤千晶

編集：株式会社アルク 出版編集部
校正：Margaret Stalker / Peter Branscombe / 廣友詞子
装丁：山口桂子 (atelier yamaguchi)
本文デザイン・DTP：株式会社創樹
イラスト：大塚たかみつ
印刷・製本：シナノ印刷株式会社

発行者：天野智之
発行所：株式会社アルク
〒102-0073　東京都千代田区九段北4-2-6市ヶ谷ビル
Website：https://www.alc.co.jp/

落丁本、乱丁本は弊社にてお取り替えいたしております。
Webお問い合わせフォームにてご連絡ください。
https://www.alc.co.jp/inquiry/

地球人ネットワークを創る

アルクのシンボル
「地球人マーク」です。